POING À LA LIGNE

K.-O. 1er ROUND

CÉDRIC DOUMBÉ

Écrit avec Damien Dole-Chabourine

POING À LA LIGNE

K.-O. 1er ROUND

AUTOBIOGRAPHIE

MARABOUT

Hachette Livre, Département Marabout, 2024

Je suis le meilleur,
alors que le meilleur gagne.

SOMMAIRE

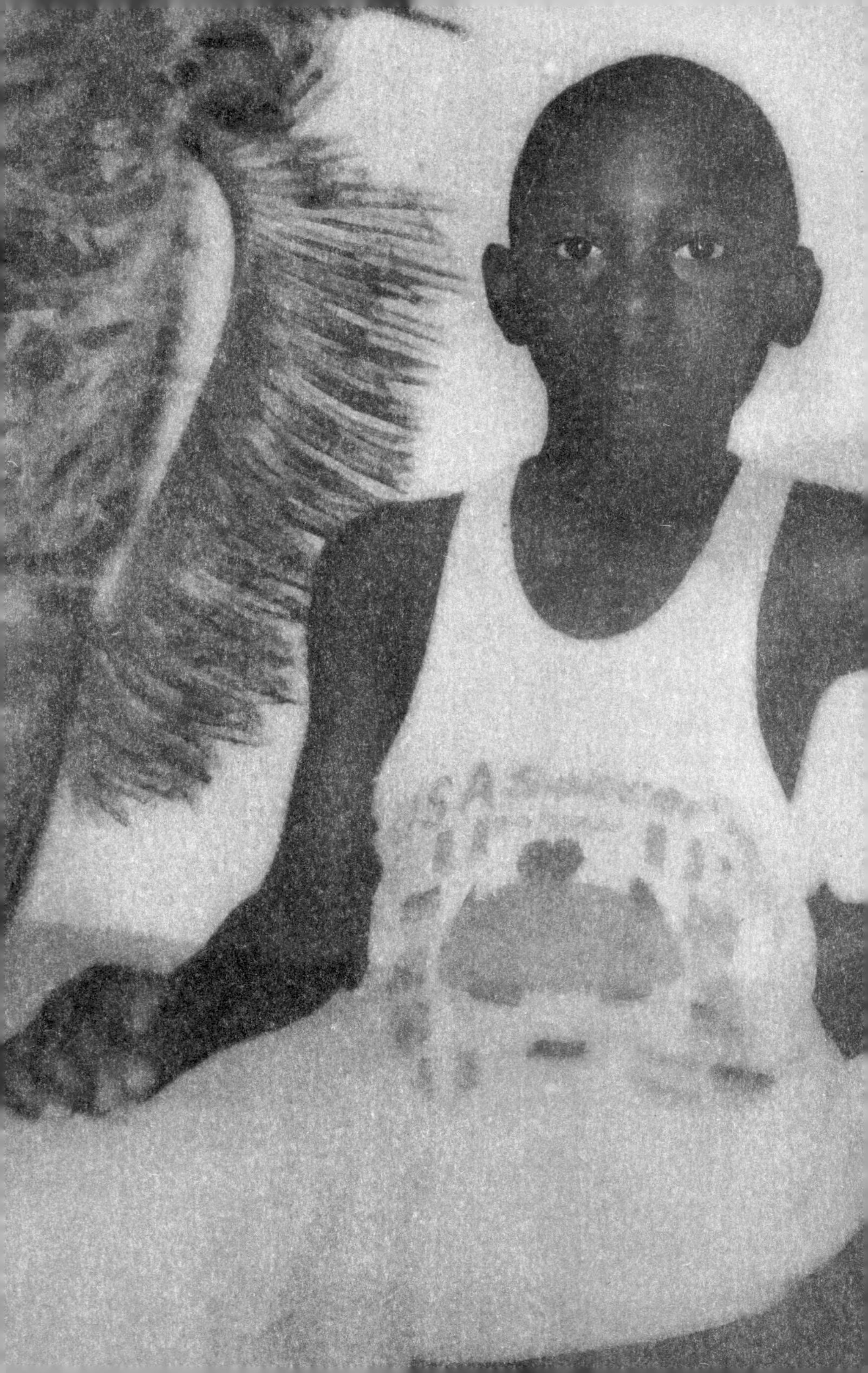

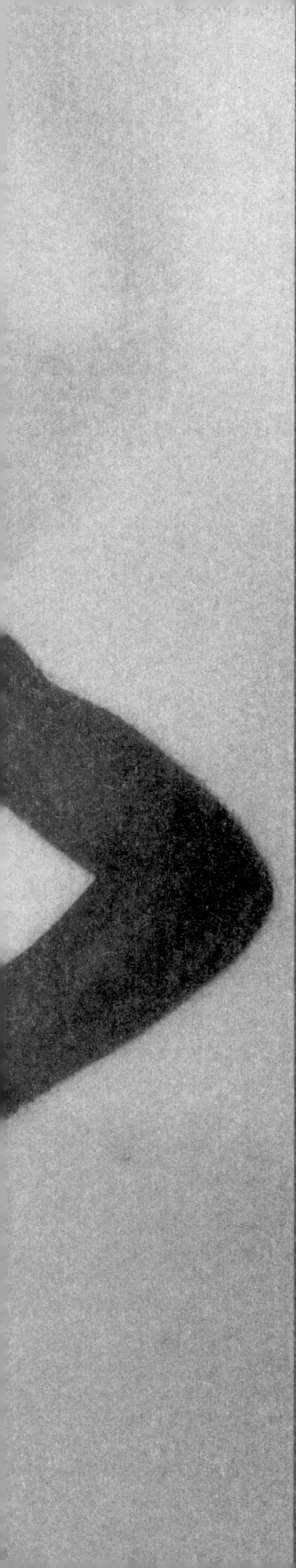

CHAPITRE I

VOL DIRECT DOUALA-PARIS

Les jeux de mon enfance

Je n'ai pas trop de souvenirs de mon enfance au Cameroun, ce sont surtout des flashs qui surgissent. Parmi ces instantanés, je me souviens de la période de Noël, d'un vélo que je voulais. De l'école aussi. J'y allais à pied, avec mon sac, mon uniforme – chemise blanche, short vert. J'étudiais dans un établissement privé bilingue français-anglais, la Référence. Il existe toujours, dans l'ouest de Douala, près de l'estuaire du fleuve Wouri. À l'époque déjà, ma mère mettait les moyens pour mon éducation, car c'était un luxe. Elle faisait le maximum, elle voulait le meilleur pour nous.

Je me souviens du climat du pays. Lorsqu'il pleut au Cameroun, il pleut vraiment des cordes, ce n'est pas la pluie européenne. On se retrouvait même à se savonner et à se doucher dans la rue quand cela tombait. Dans la terre imbibée d'eau, on traçait des sillons dans le sol, on y mettait des feuilles en guise de bateaux et on leur faisait faire la course.

On jouait beaucoup aux billes. Avec le sable, on construisait des circuits, de vrais circuits, inspirés des terrains de skate, avec des rampes. Ou alors on traçait un cercle, avec une bille au milieu, on se reculait à une certaine distance et on jouait à une sorte de pétanque.

Je me souviens de ce chantier à côté de la maison, dans lequel, avec des copains, on avait apporté une roue de camion.

On traçait un tableau dans le sable avec un bout de bois, on faisait des saltos dans la roue et on comptait les points.

Je me souviens de ces lance-pierres fabriqués avec du caoutchouc de roues usagées pour attaquer des lézards, des arcs dans la même matière, avec des câbles en plastique pour attacher la corde.

Ce sont ces moments de bonheur et de jeux qui me restent surtout.

On était dans une grande maison familiale, avec mes oncles, mes tantes, ma mère… Il faut imaginer une sorte de copropriété, avec plusieurs habitations, sur un grand terrain, même si ce mot « copropriété » n'a pas exactement la même signification en France qu'au Cameroun. Mais c'est quelque chose de fondamental pour comprendre cette première période de ma vie : j'ai grandi avec toute ma famille, pas juste avec ma mère et ma grande sœur.

J'ai grandi avec toute ma famille, pas juste avec ma mère et ma grande sœur.

Notre famille ne vivait pas différemment des autres. Au Cameroun, tout le monde se connaît dans le quartier. Tu vas chez les voisins, les voisins viennent chez toi. Chez le voisin, c'est chez moi aussi. On regardait *Dragon Ball Z* et d'autres dessins animés, mais aussi des télénovelas, comme *Marimar*, une série mexicaine avec une fille amoureuse de Sergio. Elle est pauvre et lui riche. Dans ce feuilleton, on apprend qu'elle est orpheline, puis elle quitte Sergio à cause de sa belle-mère qui l'accuse de vol, elle retrouve son père qui était en fait très riche, elle fait son ascension sociale, retrouve Sergio qui peine à la reconnaître… Elle a même un chien dont on entend les pensées ! C'était une histoire de malade. On regardait tous ça dans la famille, et à la fin de chaque épisode, on avait hâte de voir la suite. Mais en vérité, il n'y avait pas des trucs de fou à la télé, et c'était une activité occasionnelle. On était surtout dehors.

Je me rappelle encore d'un autre jeu. On faisait un grand tas de sable, on y plantait un bâton, on grattait en dessous chacun à notre tour. Et celui qui faisait tomber le bâton devait toucher un endroit, un poteau ou une barrière par exemple, et les autres devaient le défoncer avant et arrêter dès qu'il touchait l'objectif fixé. Un jour, pour provoquer, j'ai mis un grand coup dans ce bâton, ils m'ont attrapé, m'ont éclaté, j'ai même eu des cicatrices. Dans mes flashs, d'ailleurs, je me bagarre souvent dans la rue avec des amis. Pas de manière extrême, juste des bousculades d'enfants de cet âge. Certains les trouveraient un peu violentes, mais ces mini-accrochages entre gamins étaient plus vivants que plein d'activités réalisées aujourd'hui par les gosses, qui fixent des écrans et sortent moins dehors.

Les écrans, c'est une question de facilité, tu les mets à tes enfants, ils sont sous hypnose. Après, tu es tranquille et tout est calme sur le moment. Mais nous, on a grandi très bien sans ça, c'est après que ce besoin a été créé. Je suis un peu à l'ancienne sur ce sujet. Après, je ne dis pas qu'il n'en faut jamais et je ne jette pas la pierre aux parents qui en montrent, mais il faut un juste milieu : quand un enfant suce son pouce, on ne lui dit rien au début, mais il doit arrêter à un moment, notamment pour éviter des malformations des dents. C'est pareil, c'est un juste milieu pour éviter les problèmes. La difficulté à chaque fois, c'est justement de le trouver. Si tu n'y arrives pas, les conséquences peuvent être terribles.

L'école aussi représente ce besoin d'équilibre, entre un respect du professeur qui est nécessaire et le fait de ne pas aller trop loin de la part des adultes pour ne pas entraver le développement de l'enfant. Au Cameroun, ce n'était que du « par cœur », par exemple. Chaque jour, il fallait avoir appris la leçon de la veille. Je me rappelle de certaines qui se récitaient en chanson, d'une notamment sur les adjectifs possessifs. J'ai encore cette image où je la fredonne en classe, debout, et que des copains rigolent en m'écoutant. En parallèle de ces moments plutôt doux, les profs pouvaient frapper les élèves. C'était trop. J'ai connu l'époque où on tapait les enfants à l'école, même pour des choses qui ne relevaient pas du mauvais comportement, comme ne pas avoir appris sa leçon par cœur justement. Tu allais devant le tableau, le prof te frappait les fesses, ou quand il avait la flemme, c'était le plus grand et le plus musclé de la classe qui venait et qui te cognait. Et s'il ne te frappait pas sérieusement ? Le prof le frappait lui. On a grandi dans cette dureté, dans cette rigueur, certains diront dans cette maltraitance. Après, je pense évidemment qu'il y avait trop d'excès dans cette manière d'enseigner, il faut une nouvelle fois un juste milieu entre le respect de l'élève et la manière qu'a le prof de se faire respecter. Mais j'ai été façonné comme ça.

Une double identité

Je n'ai finalement vécu au Cameroun que neuf ans, mais cela suffit pour forger mon attachement éternel à ce pays, que j'ai quitté au tournant de l'an 2000 pour rejoindre la France. En octobre 2023, pas longtemps après mon combat contre Jordan Zébo, je suis allé à Lens pour le match Cameroun-Sénégal. Samuel Eto'o, Roger Milla, Patrick Mboma, Rigobert Song ou

Jean-Alain Boumsong pour le foot, Yannick Noah, Joel Embiid, Audrey Tcheuméo ou évidemment Francis Ngannou dans les autres disciplines… J'oublie des noms dans cette liste, mais voir le nombre de très grands sportifs camerounais, et m'inscrire dans cette lignée en quelque sorte, cela signifie beaucoup pour moi. Ce moment à Lens, c'était comme des retrouvailles avec le pays dans lequel je suis né. C'est d'ailleurs difficile d'expliquer la fierté que j'ai eue de pouvoir rencontrer les joueurs de la sélection, de parler devant eux pour les motiver, de réussir à les faire rire aussi avec une allusion au fameux matelas, que je portais quelques semaines auparavant au Zénith avant d'affronter Zébo : « Merci de nous faire rêver. On dit que le lion ne meurt jamais, il dort. Aujourd'hui, si personne ne veut que je livre un matelas, il ne faut pas dormir. Personne ne doit dormir. »

Ce moment à Lens, c'était comme des retrouvailles avec le pays dans lequel je suis né.

La rencontre, à cette occasion, avec la légende du foot et du Cameroun, Samuel Eto'o, est le moment le plus particulier, pour ce qu'il représente pour moi, pour le Camerounais que je suis, pour le fan de foot que je suis. Je l'ai de nouveau croisé en juin, au théâtre Mogador de Paris, il m'a demandé de venir au Cameroun. Et il a raison car je dois retisser les liens avec l'endroit où je suis né, où tous mes ancêtres sont nés.

Quoi que disent les Français originaires d'un pays africain, ou même nés sur le continent et arrivés en Europe très jeunes, tu perds cette accroche avec tes origines au fur et à mesure que le temps s'écoule. En tout cas, moi, la plus grande partie de ma vie, je l'ai passée dans l'Hexagone. Est-ce que ça veut dire que je suis plus Français que Camerounais ? Oui, indéniablement, parce que j'ai passé plus de temps ici et désormais, mes racines sont également en France. En termes de temps passé dans un lieu, je suis de fait plus Français, mais l'essence, la quintessence de ce que je suis, ce sont Douala et le pays dans lequel se trouve cette ville. J'ai une analogie que je pense très claire : le Cameroun, ce sont mes fondations. Quand on construit une maison, au début, on installe une dalle, la plus solide possible. Mon pays de naissance, c'est ça. C'est là où j'ai appris la valeur des choses, de la famille, des amis, de l'argent. Et c'est ce qui fait la personne que je suis aujourd'hui.

Les langues que je parle illustrent cette double identité. Au Cameroun, comme dans tous les États d'Afrique, on ne parle pas une seule langue, on ne parle pas « le camerounais ». Et dans ce pays, c'est encore plus marqué qu'ailleurs : on ne sait même pas exactement combien de langues sont utilisées sur le territoire. Ma famille, ma grand-mère et ma mère parlent le douala, la langue de la ville dans laquelle on a grandi. Je le parle encore, mais c'est un peu moins fluide qu'avant, évidemment, car je le pratique beaucoup moins. C'est surtout avec ma grand-mère que je bavardais dans cette langue quand j'étais plus jeune. Or, maintenant, avec la vie que j'ai, et toutes les sollicitations, ce n'est plus une pratique quotidienne. Mais pour remédier à cette perte de savoir, j'ai acheté un livre qui me permet de réapprendre cette langue en quelque sorte et, surtout, de la transmettre à mes enfants. Je le fais déjà un peu, pour qu'ils aient des bribes de mon dialecte dans la tête, avant qu'ils le saisissent plus profondément plus tard. En revanche, quand je suis dans l'urgence, c'est le français qui reprend le dessus.

Le repère de la langue n'est pas le seul pour lequel je n'ai pas eu une vie et une construction classiques, si tant est que cela existe vraiment. Disons plutôt que je ne suis pas vraiment dans la norme, en particulier telle qu'on la conçoit en Europe. On me demande, par exemple, souvent ce que cela fait de ne pas avoir de père, si je ressens un manque. Le mien est mort d'un accident de voiture le jour de ma naissance. Je n'ai donc aucun souvenir de lui autre que ceux que ma mère et mes proches me racontent : qu'il était strict, droit, rigoureux, et finalement qu'il était comme moi je suis aujourd'hui. Je cite souvent l'exemple de l'aveugle. Celui qui est né sans la vue, il ne l'a pas, et c'est tout. Il développe d'autres facultés, devient plus fort que la moyenne dans certains domaines. Il ne ressent pas le manque de la vision car il ne l'a jamais eue. Seulement, quand mes copains à l'école, au collège, appelaient leur père ou parlaient de lui dans la cour, cela me faisait bizarre car je savais que je ne pourrais jamais les imiter. Mais ce n'était pas de la tristesse. Plus tard, tu relativises, tu comprends qu'être sans père est ta trajectoire, que tu ne pouvais rien y faire. Et au vu de ce que ma mère m'a dit de lui, je suis certain que je n'aurais

L'ŒIL DU MANAGER
DAVID FOUCHER
Fondateur d'Adjime

UN TRAIT DE CARACTÈRE ?

Il est intelligent dans la vie de tous les jours, pas seulement dans son espace de combat. Et c'est en grande partie pour cela que j'aime bosser avec lui. Intelligent dans sa façon de communiquer, dans quoi dire, dans quoi ne pas dire, dans sa capacité à être un caméléon – ce qui est une forme d'ouverture d'esprit et d'intelligence... Intelligent aussi de mettre à profit sa notoriété, intelligent de ne pas prendre la parole à tort et à travers sur tous les sujets politiques et de société, alors qu'il aurait très envie de le faire, car il a conscience du risque d'instrumentalisation de la part de personnes malveillantes. Mais pour résumer, c'est avant tout quelqu'un qui a différentes formes d'intelligence et qui les exploite dans tous les domaines. C'est par ailleurs quelqu'un qui aime les « pourquoi ? », qui veut comprendre.

jamais été boxeur ou sportif. Peut-être que je serais devenu médecin ou architecte. Chaque difficulté, chaque malheur, chaque épreuve apporte un potentiel bienfait, quand bien même tu ne peux pas vraiment le savoir au début. La vie que j'ai aujourd'hui, je ne l'aurais pas eue avec mon père. J'en aurais eu une autre, peut-être plus belle ou moins belle, peu importe car cela n'a jamais eu lieu.

Les pommes de France de ma mère

Mais pour ma mère, c'était naturellement très compliqué. C'est pour cela que j'ai tant d'admiration pour elle, son parcours, sa force. Être veuve et élever ses enfants ? Quelle épreuve peut être plus difficile que celle-là ? Je ne la remercierai jamais assez d'avoir fait ce qu'elle a fait, d'être qui elle est. De partir en France pour nous faire venir, de tout abandonner pour nous. La France, c'était d'ailleurs vraiment quelque chose de presque inaccessible. Un exemple tout bête : parfois, elle nous envoyait des pommes. Oui, des pommes, un fruit qui peut paraître normal pour tout le monde ici, mais je crois qu'il n'y a pas de pommes au Cameroun, en tout cas on n'en trouvait pas sur les marchés. Mais nous, quand on recevait celles de ma mère, on disait : « Ouah, des pommes de France ! » Elle nous envoyait aussi des nappes transparentes en plastique, celles qu'on met pour protéger la nappe en tissu ; d'autres fois, c'était plus classique, comme des vêtements. Ces cadeaux envoyés par ma mère, ça m'a marqué, c'était mon premier rapport avec la France.

À 9 ans, je décolle vers Paris. J'ai quelques souvenirs du moment où j'ai atterri à l'aéroport de Roissy. Je me rappelle voir ma mère, au loin, et courir dans ses bras. Elle était déjà à Paris et avait préparé notre arrivée avec précaution, car cela se passait en hiver. Dans ses mains, elle avait apporté une doudoune, que je me revois enfiler dès que je suis arrivé à son niveau – j'ai encore cette image, gravée. Ces vêtements chauds qui atténuent le froid de l'hiver parisien, c'est l'un de mes premiers souvenirs en France. Je me souviens d'autres choses dans ces premiers instants loin du Cameroun, des choses qui peuvent paraître simples aux gens d'ici, mais pas pour moi à ce moment-là. Comme les escalators, par exemple. Cela m'a marqué, c'était bizarre pour moi, monter, descendre… Mais c'est surtout du froid dont je me souviens en réalité, passer de Douala à Paris à cette saison, il faut imaginer. Et des changements vestimentaires qui vont avec. Ma mère voulait tout le temps me protéger de ces températures d'ailleurs, elle me forçait à mettre une cagoule rose, par exemple. Je refusais parce que je trouvais que je ressemblais à une fille avec ça. J'ai revu une photo récemment, j'avais un vrai flow, j'étais beau gosse, mais quand tu as cet âge-là, tu te trouves moche habillé comme ça.

Ces vêtements chauds qui atténuent le froid de l'hiver parisien, c'est l'un de mes premiers souvenirs en France.

Je n'avais pas vu ma mère depuis plusieurs mois, peut-être un an ou plus, je ne sais plus vraiment. Mais quand tu es Africain, je pense que tu n'as pas forcément le même rapport à la famille que les Européens. On n'est pas dans un appartement avec seulement nos parents. On vit souvent dans une grande maison familiale, avec des oncles, des tantes, la grand-mère. Donc ma mère me manquait, mais je ressentais moins le manque parce qu'on était toujours en famille. J'ai toujours été élevé comme ça, donc c'est ce que je ressentais, ce n'est pas la même éducation.

En France, dans le meilleur des mondes, tu as tes deux parents, tu vis avec eux dans un appartement ou une maison. Et les grands-parents, tu les vois peut-être une fois par mois ou les week-ends. Mais au Cameroun, ce n'est pas comme ça. En plus de la famille élargie avec laquelle tu vis, comme je l'ai expliqué plus haut, les voisins sont tout le temps chez toi, tu es tout le temps chez eux, et les enfants du quartier entre eux, c'est pareil. En revanche, j'avais ma mère au téléphone régulièrement, on savait qu'elle était en France.

À l'époque, c'était quelque chose de particulier de venir en Europe, alors que maintenant, c'est beaucoup plus facile, soit physiquement, quand tu en as les moyens bien entendu, soit virtuellement, avec les réseaux sociaux et Internet. Tu peux être en France sans y être présent physiquement, tu prends ton téléphone, tu communiques facilement. Auparavant, on devait utiliser des cartes achetées dans un taxiphone, c'était contraignant et cela revenait vite cher. Les cinquante minutes sur la carte, le bip-bip-bip quand il te restait cinq minutes, et après c'était mort, il fallait que tu attendes d'acheter une autre carte. C'était rare d'avoir un téléphone portable dans mon entourage, et même adolescent, quand ma génération a commencé à en avoir, c'était des Sagem, des Nokia 3310, avec des forfaits beaucoup trop chers. Aujourd'hui, tu communiques avec qui tu veux à l'autre bout de la planète, cela paraît normal pour les plus jeunes ; nous, on n'a pas grandi comme ça. Cela fait que, pour moi, avec en plus la distance lorsque ma mère est partie ainsi qu'en raison de la mort de mon père, mes relations familiales sont vraiment particulières au regard de ce que d'autres ont vécu.

Les premières années à Paris

Mes premiers temps en France, je les passe dans un petit appartement au 23, rue Pajol, dans le XVIIIe arrondissement de Paris. C'est dans le quartier de La Chapelle, près de Barbès, entre les voies de chemin de fer des gares du Nord et de l'Est. Le changement de vie est immense, et cela pourrait être un choc pour beaucoup de monde. Mais j'ai toujours eu une très grosse faculté d'adaptation. C'était nouveau pour moi, étrange, de passer de ma maison familiale à Douala à ce petit appartement à Paris, avec de nouveaux amis à côtoyer, une nouvelle école, où la manière d'enseigner est différente. D'ailleurs, ce qui m'a le plus marqué dans ce nouveau système scolaire, c'était la manière dont les élèves s'exprimaient envers les professeurs. J'étais choqué, je trouvais qu'il n'y avait pas assez de respect pour la fonction. J'ai décrit mes années scolaires au Cameroun, cela ne te passait même pas par le cerveau de mal parler à un maître.

Je me souviens aussi de certaines expressions que des élèves balançaient à leur professeur. J'ai appris le mot « wesh » et l'expression « Vas-y » par exemple, et moi, je ne comprenais pas au début. J'étais un peu heurté, mais d'un autre côté j'étais content, je me disais : « J'ai un peu plus de liberté à l'école ici », et quand t'es gosse, tu aimes ça. Mais avec le recul, maintenant que je suis adulte, je me dis que les enfants sont les rois aujourd'hui, que tu ne peux rien leur dire. J'avoue regretter une époque où l'éducation était un peu plus stricte.

J'étais dans un établissement scolaire de la rue Pajol, puis, en CM1, dans l'école Guadeloupe, près du métro Marx-Dormoy. Enfin, dans l'école Torcy en CM2. J'ai étudié dans trois écoles en très peu de temps, mais comme je m'adapte vite, cela ne m'a pas dérangé, je n'ai pas mal vécu ces changements, d'instituteurs ou d'amis.

Et une autre illustration de ce trait de caractère, c'est que je n'ai pas gardé l'accent camerounais très longtemps. Quand je parle avec les gens nés en France, j'ai l'accent parisien, mais bien sûr quand je m'adresse à ma mère encore aujourd'hui, j'ai toujours l'accent camerounais avec elle. Je m'adapte vite. Il n'y a que l'accent anglais que je n'arrive pas à parfaire. Bon, cela reste quand même mieux que David, mon manager, parce que lui… Il sait bien parler anglais, mais alors son accent, c'est terrible.

Entre les deux continents, d'autres changements ne m'ont pas vraiment marqué. Les jeux pour enfants, par exemple. C'est sûr qu'à Paris je ne pouvais plus jouer avec des objets dans la nature, mais l'esprit des jeux à cet âge reste assez similaire en vérité. Au Cameroun, lorsque j'étais petit, je partais avec des potes, on allait marcher pendant je ne sais combien de temps, on revenait en début de soirée, et on avait peur de se faire gronder. C'était pareil à Paris. On s'en allait du foyer, on revenait plus tard, parfois à 23 heures quand j'étais un peu plus âgé, et on avait peur de la réaction à la maison. J'ai pas mal de souvenirs de ce type quand on était dans le XVIIIe, ou des « missions » qu'on réalisait, comme quand on allait dans des entrepôts abandonnés, ou alors qu'on restait assis au pied du bâtiment pour se charrier, ta mère ceci, ton père cela. Parfois, il y avait même des petites bagarres. Et toutes ces aventures de jeunesse, toutes ces joutes, ce n'était pas toujours avec les mêmes amis, vu que j'ai beaucoup changé d'établissement.

Le territoire que j'ai le plus arpenté était restreint, à l'échelle de Paris, mais par rapport à l'âge que j'avais, c'est logique.

À un moment, j'étais beaucoup vers Porte de la Chapelle. Je me rappelle du ED, d'un terrain de basket près de la station-service, derrière une gare de trains abandonnée, on traînait beaucoup par là-bas. À la piscine Hébert. Il y avait une bibliothèque juste à côté, dans laquelle allait ma sœur… On traînait aussi dans un petit parc du quartier de La Chapelle, dans lequel se trouvaient des tables de ping-pong. Je me souviens des soirs dans les rues de Paris lors de la Fête de la musique, du 14-Juillet, quand j'étais en classe de 6e.

Parmi tous ces souvenirs d'enfance, du début de l'adolescence, il y avait aussi mon bâtiment, sa porte blanche. J'étais au 3e étage, un deux-pièces sans eau chaude, pour ma mère, ma sœur, moi, puis ma grand-mère. Je me rappelle avoir fait le tour des bars du quartier avec elles un hiver afin de récupérer de l'eau puisque les conduits étaient gelés dans notre immeuble vétuste. J'ai toujours l'odeur de la cage d'escalier dans ma tête également, l'odeur du crack. Vous croyiez que j'allais parler de l'odeur des plantes, de la nature, mais non, c'est celle du crack. Et des mecs défoncés, qui étaient là, comme ça, par terre, la crasse sur les rambardes. J'avais toujours peur d'entrer dans mon propre bâtiment. La nuit, je ne descendais jamais dans la cage d'escalier ou alors je speedais à fond. J'ai toujours l'odeur dans ma tête… Dommage que ce bâtiment ait été détruit, j'aurais bien aimé y aller maintenant et voir comment c'est devenu. Parce que selon l'âge que tu as, la vision de l'espace, les souvenirs ne sont pas les mêmes. L'immeuble me paraissait d'ailleurs immense

J'ai toujours l'odeur de la cage d'escalier dans ma tête également, l'odeur du crack.

quand j'y habitais. Plus grand que ce qu'il était réellement au vu des photos que j'ai glanées par la suite.

En raison de cet environnement un peu précaire, et contrairement au Cameroun, je ne ramenais jamais mes potes à la maison. J'avais honte. On se voyait tout le temps avec mes amis, mais c'était inimaginable que j'amène quelqu'un chez moi. Eux avaient tous un appartement normal, alors que chez nous, c'était trop petit, on était entassés, c'était rude. Je ne vivais pas cette situation comme quelque chose de dur en réalité, mais les enfants sont méchants à cet âge-là. J'avais d'ailleurs ramené une fois un ami chez moi, et je m'étais fait vanner par la suite, donc je me suis dit : « Plus jamais. » Pourtant, dans ma chambre, j'avais une Sega Megadrive, avec *Captain America*, une PlayStation 1, avec *Driver*, *Star Wars*... De quoi jouer avec eux.

Mes valeurs

Mais, je ne change pas d'un iota ce que j'ai dit sur ma mère, les conditions matérielles sont en réalité accessoires. Je lui suis très reconnaissant. Et malgré tout ce que j'ai traversé dans ma vie, parfois, je me dis que je n'en ai même pas assez bavé comparé à certains. Je regarde toujours ceux qui ont moins que moi. Cela me permet d'être satisfait de ce que j'ai, et jamais envieux de ceux qui ont plus. Oui, les footballeurs gagnent beaucoup plus d'argent, de nombreuses stars également, mais cela ne m'intéresse pas. Je pourrais être jaloux et avide d'eux, et en vouloir toujours plus, courir après des richesses que je n'aurai jamais. Parce que quand tu as une montagne d'or, la première chose que tu désires, c'est une deuxième montagne d'or. La société dans laquelle on vit fait qu'on est toujours dans une course aux richesses. Et tu en deviens esclave. Alors que quand tu regardes ceux qui ont moins que toi, tu es sans cesse reconnaissant, et la majorité de la population a moins que moi. Quand je repense à tout cela, je me dis que vu d'où je viens, où je suis aujourd'hui et ce que je vise, j'ai trop de chance, je suis un privilégié.

Au-delà des richesses, tout le monde n'a pas la chance de faire le métier qu'il aime et de vivre de sa passion. Rares sont les travailleurs qui peuvent se réveiller à n'importe quelle heure. Moi, j'ai la prière, mais je peux me rendormir après. Alors que le commun des mortels doit aller au travail après, il n'a pas le choix. Il ne peut pas non plus forcément choisir où et quand il part en vacances, tandis que moi je peux.

Mais je ne ressens pas de revanche sociale, ou de revanche sur la vie en général. Plein de gens ont vécu le racisme, par exemple. Cela m'est arrivé aussi, mais pas dans les proportions d'un Noir aux États-Unis qui a vécu la ségrégation, qui se faisait cracher dessus, ou d'autres personnes en Europe. J'ai intériorisé le fait qu'il y a certains Blancs qui n'aiment pas les Noirs. C'est l'histoire qui est comme ça, mais ce n'est

L'ŒIL DU MANAGER
DAVID FOUCHER

MA PREMIÈRE RENCONTRE AVEC CÉDRIC

Comme beaucoup de personnes qui l'ont rencontré, je n'ai pas aimé son personnage au début. Le côté hyper-arrogant, je n'y arrivais pas. À cette époque, je dirigeais la communication de Venum, leader mondial dans les sports de combat. Je discutais notamment avec Yohan Lidon, un mec hyper-humble, pêcheur, un peu abîmé par la vie, un boxeur pur et dur, super-adorable. En octobre 2017, je vois qu'il va affronter un mec qui s'appelle Doumbé, que je ne connaissais pas très bien. Yohan ne s'exprimait pas dans un français parfait. Et lors de la pesée, Cédric lui offre quoi ? Le livre *Le Français correct pour les nuls*. Je me dis : « Mais quel enfoiré, ce gars ! » Quand on voit mon rôle par la suite dans le matelas pour Zébo ou l'ambulance pour Baki… Je l'ai détesté à ce moment-là. Comme beaucoup. Et Cédric le dit lui-même : « Tu commences par me détester, et tu finis par m'aimer. » Le temps lui a donné raison avec moi aussi.

pas parce que je ne l'ai pas subi à titre personnel que je ne le condamne pas dans l'absolu.

Je ne me considère pas comme le mec qui est né au Cameroun, qui a souffert, qui a traversé des épreuves. J'ai sûrement fait ça, mais c'est naturel… Je suis un battant, de base, je me suis toujours battu pour faire ce que j'avais envie de faire. C'est un trait de caractère à mes yeux, pas une manière d'être en raison de ma trajectoire. Et ma mère a tellement travaillé qu'elle nous a élevés de telle manière qu'on n'avait besoin de rien. On avait envie de certaines choses que nous n'avons pas eues, mais on n'en avait pas besoin en réalité. C'est une des nombreuses valeurs qu'elle nous a inculquées, bon gré mal gré, mais j'ai grandi comme ça. Je ne suis pas parfait, mais je fais partie de la dernière génération rescapée ! Déjà, même dans la génération 1992, la mienne, il y a trop de gens qui ne respectent vraiment rien.

Je suis un battant, de base, je me suis toujours battu pour faire ce que j'avais envie de faire.

Je parle là du respect en général, des valeurs. On dit souvent que c'était mieux avant. Peut-être que c'est galvaudé mais selon moi, on voit que ça se dégrade. C'est un paradoxe : plus on avance, plus on progresse dans la science et la technologie, et moins on se cultive. On est sûrement trop assistés par les appareils et les machines.

Je me souviens d'une vidéo d'archives où tu vois des enfants qui sortent de l'école et qui parlent avec un langage hyper-soutenu. C'est normal pour eux, ils s'amusent, c'est leur moment de légèreté à eux alors qu'ils s'expriment comme des vieux.

Les valeurs qu'on inculquait aux enfants, ce n'était pas pareil. Avant, tu faisais une connerie à l'école, tu prenais une rouste par tes parents. Aujourd'hui, si le professeur appelle les parents pour la même chose, c'est limite le prof qui se fait embrouiller. Cela semblait filer beaucoup plus droit. Ton père, il était maçon, il était charpentier, il était architecte, il défendait ces valeurs du travail ou la valeur de l'argent. Même chez les voyous, il y avait à mon avis un respect qu'il n'y a plus aujourd'hui. Ils n'allaient pas agresser une vieille dame dans la rue. Maintenant, certains vont s'en prendre aux personnes âgées, on va leur arracher le sac, les bijoux, les téléphones. À quoi est-ce dû ? Je ne sais pas.

Les réseaux sociaux et Internet ont pas mal changé les choses également. L'accès au porno par exemple, ce n'était pas du tout aussi simple d'en voir auparavant pour les jeunes. Il y avait des magazines papier et pour un film porno, c'était payant. Aujourd'hui, c'est gratuit et accessible par tous et le contrôle parental ne sert quasiment à rien. Et paradoxalement, ne pas donner de téléphone à son enfant, c'est trop dangereux aujourd'hui parce que tu ne sais pas ce qui peut lui arriver. Tout ça, ce n'est pas du pessimisme, c'est un constat. Et j'espère que cela va s'améliorer.

Après l'école primaire, je suis allé au collège Marx-Dormoy. J'ai gardé deux amis de cette époque, dont un, Farhan, avec qui je parle encore régulièrement. Au collège, mes notes étaient moyennes. J'adorais la physique-chimie, la SVT, l'espagnol, j'étais passionné. Les mathématiques, quand je m'y mettais et que je ne faisais pas le clown, j'étais bon aussi. J'adorais également le théâtre, mais cela deviendra plus concret par la suite. En revanche, en histoire-géo, j'étais franchement moyen.

Le Parisien d'Angoulême

Lorsque je suis passé en 4e, cela a signé mon départ de la région parisienne. J'ai pris la direction d'Angoulême, dans le quartier de La Couronne. Ce n'était évidemment pas la même ambiance que dans le nord de la capitale. Quand je suis arrivé là-bas, je faisais le nouveau, je faisais le Parisien. J'étais fier, je disais : « Je viens de Paris, je viens de Paris, je viens de Paris. » Et cela a marché, parce qu'on me surnommait « le Parisien » justement. Et je dois dire que j'étais content de ce surnom. À cet âge-là, je ne disais pas trop que j'étais né au Cameroun. C'est plus avec le temps que tu dis : « Je suis fier, je suis né au Cameroun. » Quand t'es petit, tu as un peu honte parce qu'on te traite de blédard, les autres enfants et adolescents se moquent de toi, même ceux dont les parents sont originaires de pays africains. Alors que maintenant, au contraire, je suis fier de dire que je suis né là-bas. Aujourd'hui, mon identité, c'est beaucoup le Cameroun et la France en général, pas seulement Paris.

J'étais fier, je disais : « Je viens de Paris, je viens de Paris, je viens de Paris. »

Ma mère était assistante maternelle et elle est restée travailler dans la capitale. Mais elle a choisi de m'envoyer à Angoulême parce que c'était une région où habitaient beaucoup de membres de la famille, certes éloignée, mais avec des oncles et des tantes. Ma mère n'est pas française, donc pour avoir les papiers, c'est une galère. Or, administrativement, c'était plus facile aussi en Charente pour elle. Donc des fois, avant de venir nous chercher ou passer le week-end avec nous, elle en profitait pour régler ses nombreuses paperasses. C'est toujours plus facile en province de manière générale pour ce type de sujets. Par exemple, un rendez-vous à la préfecture de Paris, ça peut prendre des plombes, alors qu'à Angoulême, tu l'as direct. Faire la queue pour aller à la CAF dans la capitale, c'est pareil, c'est hyper-long, alors qu'en province…

Là encore, je me suis retrouvé séparé de ma mère, je ne la voyais que le week-end, parfois même une fois toutes les deux semaines, parce qu'acheter des billets de train, cela a un coût. Mais je n'ai pas eu de souci pour me faire de nouveaux amis, puisque j'ai toujours été sociable. J'ai fait deux années à Angoulême mais j'ai redoublé ma 3e. Et pour me remettre dans le droit chemin, ma mère m'a envoyé chez une tante sévère, à Avignon. Là, j'étais encore une fois un nouveau dans le quartier et à l'école.

Avignon underground

J'ai un paquet de souvenirs dans cette ville alors que je n'y suis resté qu'un an. Mais il s'est passé beaucoup de choses. Du côté de l'école, je réussis mon année de redoublement en 3e, j'obtiens mon brevet des collèges avec mention et je repars de cette ville dans la foulée. Mais je suis content d'avoir vécu à Avignon parce que c'est resté dans mon cœur, pour les rencontres que j'y ai faites, l'expérience, le sens de la vie. C'est une ville très particulière, c'est très connu, avec le pont d'Avignon, la Cité des papes ou le festival de théâtre.

Mais Avignon, ce n'est pas que la cité d'histoire et de culture, c'est aussi une ville qui est très dure. Le Sud, c'est particulier.

Mais Avignon, ce n'est pas que la cité d'histoire et de culture, c'est aussi une ville qui est très dure.

Quand tu arrives de Paris, tu vois d'emblée que ce n'est pas la même mentalité, pas le même accent, pas la même manière de parler, ce n'est pas le même climat non plus. C'est par exemple là où j'ai roulé mon premier joint, là où j'ai conduit mon premier scooter. Je ne me suis jamais bagarré, en vrai, j'ai toujours esquivé les embrouilles. Pas volontairement, c'était naturel. Mais c'est là où je voyais des trucs de fou, où j'étais à côté des dealers, c'était encore pire que ce que j'avais vu dans le nord de Paris quand j'étais petit.

J'ai toujours réussi à la fois à rester dans ce monde et à me tenir suffisamment à distance des problèmes les plus importants. Oui, j'ai fumé, mais je ne suis jamais tombé dedans au quotidien, comme d'autres. Et j'ai pu facilement passer à autre chose. Je côtoyais des voyous ? Oui, également, mais j'avais le rôle du gars avec qui on se marre, avec qui on est gentil. À la fois dedans et dehors, sans manipuler personne, j'ai simplement toujours été à l'aise partout et je peux me plaire à être aux côtés de personnes différentes, voire opposées dans leur caractère ou leur classe sociale.

Aujourd'hui, quand je prends des nouvelles des personnes que je connaissais à l'époque, la moitié des gens sont morts et l'autre moitié en prison. Enfin, vous avez compris l'idée ! J'ai un vrai ami d'enfance qui a perdu la vie ; pour un autre, c'est son père qui s'est suicidé et lui s'est retrouvé dans un hôpital psychiatrique. La plupart d'entre eux ont mal tourné. Et là, je me dis encore une fois que j'ai réussi, que j'ai eu de la chance. Quand ils me voient à la télé, qu'ils me contactent sur Snapchat pour me demander si je me souviens d'eux ou de telle histoire, cela me fait vraiment plaisir, et je pense qu'ils sont hyper-fiers parce que personne n'a réellement réussi à s'en sortir dans notre groupe élargi. Et cela me rend triste pour eux.

À Avignon, je me retrouve aussi dans l'une des capitales mondiales du théâtre, un art et une pratique qui m'ont toujours attiré, encore aujourd'hui, mais de manière plus évanescente à cette époque. J'allais dans la foule du Festival, mais je ne suis pas allé voir de pièces. J'étais sûrement trop jeune, je n'avais personne pour m'y emmener. Et c'est quand je suis reparti que j'ai pris l'option théâtre à l'école. L'envie de devenir acteur, aussi, c'est venu après. Les prédispositions, en revanche, c'est depuis que je suis tout petit. Les professeurs et mes proches voyaient que je faisais le clown. Mais ce n'était pas clair, je ne me disais pas que je voulais faire du cinéma, par exemple.

À Avignon toujours, j'ai fait mon stage dans une librairie, en fin d'année, à Noël. Je me souviens de la période parce que je faisais les paquets-cadeaux à la chaîne. Le lieu était tenu par deux vieilles dames géniales, qui m'ont accueilli. J'en garde un souvenir extraordinaire parce que j'étais bien avec elles, elles m'ont mis à l'aise, m'ont fait travailler, j'ai beaucoup appris. C'est ma première expérience dans le monde professionnel.

Pendant cette année de 3e, j'étais au collège Gérard-Philipe, et avec mes potes on traînait dans le quartier du Pont-des-Deux-Eaux. Je me souviens du bus dans lequel tout l'établissement montait, tu discutais, tu rigolais avec tes amis. J'adorais ce genre de moments, c'est inoubliable, et malheureusement tu ne peux jamais en revivre de pareils par la suite. C'est une époque où tu n'as pas de problèmes d'adulte, tu ne vas à l'école que pour te marrer avec tes potes. Tu n'as pas vraiment conscience de l'enjeu de la scolarité. Maintenant, je comprends les parents qui sont derrière leurs enfants. C'est un jeu pour nous, quand on a cet âge, quand on est adolescent. Alors que non, cela ne l'est pas pour les parents, c'est même un investissement.

En tant que père, désormais, je suis content d'avoir vécu tout ça parce que je serai plus compréhensif. Si mon fils a des camarades turbulents, qu'il traîne avec des garçons, des filles, je saurai comment lui parler, comment aborder les choses, parce que je suis passé par là. S'il fait des bêtises, je pourrai relativiser. Déjà aujourd'hui, quand mon fils aîné fait des bêtises, je ne vais pas péter un câble, je sais que c'est un enfant, que c'est normal. Parfois, je vois aussi qu'il pourrait se faire mal. Je le laisse gérer tout seul parce que je me dis qu'il doit justement se faire un peu mal. Je ne suis pas là à le couver systématiquement, je dois le laisser faire ses propres erreurs. Même en tant que bébé.

Boxe et théâtre : premiers pas

Après cette parenthèse dans le Vaucluse, je retourne en Charente. Parfois, je revenais à Angoulême, parce que j'y avais laissé mes amis là-bas. Mais à mon retour, c'est le moment de rentrer au lycée. J'intègre un lycée général et j'y fais un bac STG. Ce retour est essentiel dans ma construction et qui je suis devenu aujourd'hui. Parce que c'est à ce moment-là que je commence les sports de combat. Je faisais du foot en arrivant à Angoulême. Après l'US parisienne, me voilà dans le club de La Couronne. Le foot, c'est un sport que j'ai toujours apprécié. Je suis Camerounais, j'ai grandi dans des quartiers populaires… C'est logique, quasiment une obligation.

Vers mes 16 ans, un cousin me dit qu'il y a une salle de boxe en face de la maison, qu'on devrait aller essayer un jour. Il m'a dit : « C'est trop marrant, à la fin on fait des petits combats et il y a un mec qui m'a mis un coup, je l'ai défoncé, on se tapait, on se tabassait. » Ça m'a intrigué, et j'y suis allé un jour, comme ça, sans lui. Finalement, je n'ai plus jamais manqué un entraînement.

J'ai tout de suite bien aimé. Mes premiers pas symbolisaient mes deux passions, puisque j'ai fait mon premier entraînement avec mon maillot du PSG à l'ancienne, le maillot bordeaux Louis Vuitton avec des petites tours Eiffel dans tous les sens. Ça et mon short rouge Kipsta. J'apprenais vite, j'avais quelque chose que je n'avais pas au foot, sport dans lequel j'étais très moyen et ne me démarquais pas. Même si j'allais vite, je n'avais pas vraiment de technique. Alors que là, dans la salle de boxe, j'ai trouvé un truc qui me plaisait, le full-contact. Au début, je faisais les deux sports, les entraînements se chevauchaient, je finissais le foot, je prenais le bus, j'arrivais à la maison, vu que j'étais en face, et j'allais à la boxe. Au bout d'un moment, j'ai commencé à délaisser le foot. Je n'allais qu'au full-contact.

Aujourd'hui, tout le monde sait la force que j'ai dans les poings, que je peux coucher n'importe qui grâce à eux. Dans une interview vidéo du média Booska-P, on m'a demandé si j'avais du punch dès le début. Non, je n'avais pas assez de technique la première année peut-être. Je me souviens juste que chaque mois, j'arrivais à devenir plus fort que certaines personnes avec qui j'avais du mal à ferrailler quelques semaines auparavant. Il faudra attendre trois ou quatre ans pour que je réalise à quel point je frappais fort.

Ce qui m'a tout de suite le plus marqué dans la boxe, c'est l'abnégation dont il fallait faire preuve pour exceller dans ce sport. C'est quelque chose que je n'avais jamais ressenti ailleurs. Il y a des choses que tu retrouves dans les sports de combat et que tu ne retrouveras jamais dans les autres disciplines : la détermination, l'esprit de sacrifice, même au bas niveau. La sensation que tu as lorsque tu pratiques un sport de combat, c'est pareil : quand tu fais un mini-combat avec un partenaire, c'est étrange, vous êtes adversaires mais coéquipiers en même temps… C'est unique. Tu vas immédiatement prendre des coups, tu en mets d'autres, tu saignes du nez… C'est vraiment une bonne éducation.

L'année d'après, quand je suis en classe de 1re, je commence aussi le théâtre, et ce sont deux univers totalement différents. Pas les mêmes coéquipiers, pas les mêmes camarades. À la boxe, tu avais quelques Blancs, des Noirs, un Arabe ; au théâtre, ce n'était que des Blancs, et beaucoup de filles, en arts appliqués avec des délires un peu gothiques. Mais je me sentais bien dans ces deux mondes, cela ne me dérangeait pas d'évoluer avec des personnes et des approches différentes. Moi, je suis un caméléon. J'ai toujours été comme ça. Et cela m'a valu des problèmes quand je suis arrivé à Angoulême, par exemple. Je traînais avec deux bandes rivales. Parfois, on me disait : « Tu ne peux pas faire ça, tu dois choisir. » Mais je n'étais pas dans leurs problèmes. Peu importe le quartier, je n'ai pas de souci. Parfois cela m'a arrangé, parfois cela m'a valu des réflexions. Mais peu importe, j'ai toujours été la Suisse.

Moi, je suis un caméléon.

BEST
BMF
END OF
O'TACOS
DEPUIS 2007

CHAPITRE 2

CHAMPION DU MONDE

Première défaite

Mon premier combat amateur, c'est contre un gars qui s'appelle Rachid. Cela fait trop longtemps, donc je ne me souviens de rien d'autre que de son prénom, tout simplement parce que les gens le criaient dans la salle pour l'encourager. Cela se jouait dans le Bordelais, à une centaine de kilomètres de chez moi. Je me souviendrai toujours du début du combat. C'était sur deux rounds mais dès qu'on a commencé, je suis rentré direct dans mon adversaire. Je voulais le mettre K.-O., c'était le stress qui me faisait agir ainsi, de manière précipitée et pas suffisamment réfléchie. J'étais vraiment nerveux, parce que je voulais bien faire, je ne voulais pas perdre. Quand tu es un débutant et que tu n'as jamais combattu en dehors de la salle d'entraînement, tu as toujours ce stress, car c'est un peu un saut dans l'inconnu.

Je voulais le mettre K.-O., c'était le stress qui me faisait agir ainsi, de manière précipitée et pas suffisamment réfléchie.

Mais il y a eu un problème dans ce combat. En full-contact, il y a un minimum de coups à mettre par round. Et tu ne peux pas mettre que des coups de poing, tu dois mettre au moins six coups de pied par round. Dans le premier, je n'en avais mis que deux ou trois, donc je me suis pris un point de pénalité par manque de jambes. Quand j'y repense, c'est juste que j'ai voulu faire la bagarre, tout simplement, et quand tu te bagarres, tu ne mets pas vraiment de coup de pied, tu utilises tes poings. Là, j'ai foncé dans le tas en faisant ce que je savais faire. Et je commençais de plus en plus à me rendre compte que j'étais plus à l'aise avec les coups de poing, je savais aussi que j'avais du punch, que je tapais fort.

J'ai fait un bon deuxième round mais sur la totalité du combat, j'ai perdu aux points. C'était dur ? Oui et non, car ce n'était qu'une défaite aux points, avec une règle que je n'avais pas encore assimilée, et c'était mon premier combat. J'étais déçu, triste un peu, mais j'ai relativisé parce que j'ai très vite compris pourquoi j'avais perdu, cette erreur sur les règles, cette mauvaise gestion des poings et des pieds. C'est une erreur que je ne referai plus par la suite.

Ce combat, ça a été aussi une très bonne expérience car dès mon premier affrontement, j'ai vu et surtout ressenti ce qu'était la défaite, le sentiment de défaite. Après, tu n'as plus jamais envie de revivre ça. En réalité, c'est l'une des seules défaites à la loyale, sans arbitrage maison par exemple, que j'ai subies dans ma vie. Et encore, ce n'est pas une défaite où je me suis dit : « Ouah, lui, il est meilleur que moi. » D'ailleurs, de mes débuts jusqu'à maintenant, je peux le dire tranquillement : il n'y a aucun adversaire, aucun combattant à l'égard duquel je me suis senti plus faible après un combat.

Pendant les trois ou quatre années qui vont suivre ce premier *fight*, je vais faire une vingtaine de combats en catégorie amateur. Au début, je m'entraîne dans le club de La Couronne, une petite ville au sud d'Angoulême. C'est mon club formateur, celui qui m'a pris à partir de zéro et m'a appris à boxer. Mon coach, à ce moment-là, c'est Serge Gallardo. Au bout d'un an et demi, il me dit d'aller m'inscrire dans le club de Jamel Mokeddem, en plein centre-ville d'Angoulême cette fois-ci. Jamel, c'est toujours un ami, il est à mes côtés encore aujourd'hui, pas à Paris, pas exactement dans ma team, mais il est toujours présent.

Le Tournoi des dragons

J'enchaîne ensuite les compétitions amateur. Je gagne, je gagne, je gagne. Championnat de France amateur aussi, je gagne, je gagne, je gagne. Dans ma carrière naissante, un combat me marque particulièrement, celui où je passe d'amateur à semi-professionnel. En full-contact, à l'époque, tu as ces deux catégories, avant de passer au monde professionnel. La différence entre amateur et semi-professionnel, c'est qu'il n'y a plus de casque, mais aussi que tu passes de trois à cinq rounds. On garde les protège-tibias, mais il n'y a plus de protection à la tête. Cela change tout et c'est mieux, tu respires mieux, tu es plus à l'aise. Tu prends moins de coups également parce que le casque ajoute une épaisseur à ta tête, donc forcément la cible a beaucoup plus de surface où l'adversaire peut frapper. Je me souviens que lorsque j'ai commencé en semi-professionnel, j'ai tout de suite aimé ça. Et cinq rounds, tu ne vois pas trop la différence car à l'entraînement tu es déjà habitué à en faire trois, quatre, cinq.

Mon premier combat semi-professionnel a lieu à Bordeaux, contre Renaud Chavaudra. Mais si je dois n'en retenir qu'un du début de ma carrière, un combat qui a marqué toute ma vie de combattant, c'est en 2012. Un organisateur appelle mon coach et lui dit : « Cédric Doumbé, remplacer Untel, est-ce qu'il est chaud ? » Là, c'est un combat professionnel. Dedans, il y a Eddy Lacrosse, qui ne mettait que des K.-O. à l'époque. Frédéric Ficet est également à l'affiche. Lorsque j'ai commencé la boxe, à 16 ans, je regardais déjà des vidéos de lui sur Dailymotion. Il était champion du monde. Et on me dit qu'ils sont là tous les deux ! Je me dis : « Laisse tomber, c'est un truc de fou. »

Alors que j'étais un simple débutant en semi-professionnel, un tournoi a été organisé en avril 2012 à Saint-Yzan-de-Soudiac, une petite commune au nord de Bordeaux. C'était la sixième édition du Tournoi des dragons. Il faut saisir quelque chose : alors que j'étais à ce stade de ma carrière, ce tournoi était normalement réservé aux professionnels. C'est un moment charnière. Il y avait quatre combattants, avec des *fights* pendant la même soirée. C'était en full-contact, et mon premier combat m'opposait à Eddy Lacrosse. Ce dernier est devenu mon rival par la suite. À Bordeaux et à Angoulême, c'était Doumbé et Lacrosse, on était les deux terreurs.

Moi, audacieux, courageux, toujours téméraire, je me dis : « Allez, on y va. » On a pu se préparer pendant un mois. Mais là, c'est la transition vers le monde professionnel. Et la différence entre semi-pro et pro, c'est que tu passes de cinq à sept rounds, voire dix, voire douze. Donc ce n'est pas le même niveau d'intensité, mais surtout, le calibre des adversaires change directement. Cette soirée est l'un de mes plus beaux souvenirs parce que dès mon entrée, j'affronte donc Eddy Lacrosse. Cela suffisait pour faire de cette soirée un moment inoubliable, alors que ce n'était même pas la finale. Et là, premier round. Deuxième round. Je le mets K.-O.

Je me souviens parfaitement de ce combat, plus de dix ans après. À un moment, je lui envoie gauche, droite, ça touche, je vois qu'il titube, je m'amuse, j'esquive, je bouge comme Mohamed Ali et au moment où j'enchaîne les coups, boum, il va au tapis. L'arbitre compte, Eddy se relève, je le renvoie au tapis une deuxième fois, puis une troisième. Et là, l'arbitre arrête le combat. C'est incroyable ce qu'il s'est passé, c'est incroyable la sensation, c'était un véritable truc de fou. Il faut imaginer ce que cela signifiait pour quelqu'un comme moi, qui venait du monde semi-professionnel, qui combattait pour la première fois dans le monde professionnel, de battre quelqu'un comme Eddy Lacrosse.

C'est incroyable ce qu'il s'est passé, c'est incroyable la sensation, c'était un véritable truc de fou.

Mais ascenseur émotionnel. Ce n'est pas fini, il y a la finale. Et qui vais-je affronter ? Frédéric Ficet. Je me dis vraiment que je vis une soirée de fou, quelque chose d'unique dans ma carrière, quelque chose qui va au-delà de ce que je pouvais rêver à mon âge. Pour moi, avoir battu Eddy Lacrosse, de cette manière en plus, c'était déjà avoir gagné le tournoi. Eddy Lacrosse était invaincu, et imbattable à l'époque. Donc je me dis : « Tu as déjà créé la surprise, tout le monde te respecte. » Et là, Frédéric Ficet. Il faut se rendre compte qu'en France, et même ailleurs, c'était un monument. Mais il faut y aller.

Mon combat contre Ficet

Pendant le combat, je me souviendrai toujours d'une chose en particulier. Souvent, il mettait des coups de pied de face avec sa jambe avant. Je les bloquais un peu avec l'avant-bras et un hématome énorme au niveau de l'avant-bras gauche est apparu pendant le combat. J'avais hyper mal, je n'arrivais plus à les bloquer, physiquement, j'étais éprouvé. C'était trois rounds lors du premier combat contre Eddy Lacrosse, trois rounds également lors de cette finale. C'était énorme pour moi déjà. Casser le rythme en me reposant après Eddy Lacrosse, m'échauffer à nouveau puis remonter sur le ring pour combattre contre Ficet, c'était fatigant comme on ne peut pas s'imaginer.

Pendant le deuxième round, je sentais que je perdais aux points, le combat était en train de m'échapper, j'étais trop en retard. Il avançait, il marchait sur moi. Je frappais tant bien que mal mais je n'avais plus rien dans les gants, plus aucune force. À un moment, il me met dans les cordes, il m'assène des coups, mais je parviens à l'esquiver et à lui mettre une droite… « Bah ! » Il tombe, il met le genou à terre, il est compté. Je me dirige alors dans mon coin, je regarde mon coach, je me dis que c'est impossible ce qui est en train de se passer. Et l'ambiance… Les gens de la salle étaient déchaînés, ils étaient vraiment fous, je sentais la salle trembler, elle vibrait. Je me rappelle m'être posé la question : « C'est quoi ce délire ? Mais c'est quoi ce délire ? »

Les gens de la salle étaient déchaînés, ils étaient vraiment fous, je sentais la salle trembler, elle vibrait.

On repart malgré tout au combat, il est sauvé par le gong. Dans mon coin, on se dit qu'il ne reste plus qu'un round, un round de deux minutes. La joute recommence, il reprend l'avantage, mais je lui fais une balayette, lui décoche un uppercut, et il tombe. Je m'amusais, mais j'étais cuit, je n'avais plus aucune énergie. L'arbitre le compte à nouveau, puis on recommence. Je donne tout, je n'ai toujours plus de jus, je vois qu'il est bien protégé, il a son expérience. Mais j'arrive à lui placer un enchaînement gauche, droite, il titube, j'enchaîne encore et encore, et il repart à terre. Même s'il se relève, l'arbitre le compte, mais il dit non, c'est fini, il arrête le combat.

C'est difficile d'expliquer avec des mots ce que j'ai ressenti à ce moment-là, à quel point j'ai jubilé. C'est vraiment l'un des plus beaux souvenirs de toute ma vie, peut-être avec la première ceinture au Glory. Personne ne m'attendait. C'est comme si la France devenait championne du monde alors qu'elle était en train de perdre 3-0, qu'elle revenait au score en marquant quatre buts en quinze minutes. C'est du jamais vu, c'est incroyable ! Et après une victoire comme celle-là, tu es sur un nuage, je ne sais pas comment l'expliquer exactement.

Après la finale, je me souviens de tous les gens qui sont venus me congratuler. Ils étaient épatés, cela se voyait dans leurs réactions, dans ce qu'ils me disaient. Mais le souvenir qui est resté gravé dans ma mémoire, ce sont les enfants. Ils étaient tous fans de moi parce que je dégageais quelque chose de spécial, j'avais toujours le sourire, j'étais dans la chambrette, après chaque combat je dansais. J'entendais des rires aussi. Parfois, j'esquivais et je me moquais de l'adversaire, les gens riaient, c'était terrible ! C'était vraiment mon spectacle, j'étais là pour amuser la galerie et en même temps mettre des K.-O. Un mec drôle mais très sérieux aussi. Ce n'est pas que de la boxe pour moi, c'est aussi du divertissement.

Ma mère et la boxe

Ma maman n'était pas dans la salle ce soir-là. À ce moment de ma carrière, elle ne venait pas encore, d'ailleurs. Elle habitait à Paris et n'était pas aussi impliquée. À ses yeux, j'avais gagné, c'était bien, mais sans plus. Elle a commencé à l'être lorsqu'elle a vu que tout le monde parlait de mes combats. La première fois qu'elle est venue à l'un d'entre eux, elle a kiffé. Je l'ai invitée parce que c'était dans ma ville, à Angoulême. À Bordeaux ou ailleurs, non, je ne l'aurais pas fait au début. À partir du moment où elle est venue dans les salles où je combattais, elle a toujours été fière de moi, trop contente, mais évidemment hyper-stressée avant chaque joute. Et le soulagement à la fin, une fois que j'avais acquis la victoire.

Au début, elle ne voulait pas du tout que je pratique ce sport. C'était interdit. On s'appelait tous les soirs quand j'étais au lycée et elle me demandait ce que j'avais fait dans la journée. Je lui disais que j'allais à la boxe, elle me disait me l'avoir interdit, mais je lui disais que j'étais juste allé regarder, vite fait. Un autre jour, je ne lui parlais que du foot, puis un jour sur deux de la boxe, foot, boxe, foot, boxe, boxe, foot, boxe, boxe, boxe… Je l'ai eue à l'usure sur ce sujet, elle était fatiguée, et elle avait déjà trop de problèmes dans la tête pour insister, qui plus est à distance. Quand j'ai un truc dans la tête, elle me connaît. J'écoute les conseils qu'on me donne, mais si j'ai décidé que c'était ce que je voulais faire, personne ne peut m'en empêcher. Et j'aimais trop la boxe pour que quelqu'un m'en dissuade, même un proche, même ma mère.

Quand j'ai un truc dans la tête, elle me connaît.

On me demande parfois ce que cela faisait d'habiter loin de ma mère pendant plusieurs années, à l'adolescence. J'ai grandi comme ça, donc je ne l'ai pas vraiment mal vécu ou bien vécu. Pour moi, c'était normal. J'ai toujours eu cette relation à distance, du Cameroun au tout début, et après quand elle m'a envoyé en province. Quand je voyais mes copains qui habitaient avec leurs parents, je saisissais qu'il y avait une différence, mais ça allait. Je ne lui en ai jamais voulu, je savais qu'elle n'était pas en vacances, elle travaillait dur, tous les jours, tard le soir.

J'ai commencé à la voir beaucoup plus régulièrement par la suite, lorsque je suis remonté d'Angoulême et que j'ai emménagé à Paris, à m'entraîner à Levallois, à combattre au Partouche, au Glory… J'allais chez elle, on mangeait beaucoup plus ensemble. J'avais même installé une routine : avec ma mère et ma sœur, tous les dimanches, on allait au restaurant. L'idée, c'était de partager le plus possible de moments ensemble, en famille, surtout que je commençais à gagner de l'argent avec le Glory, donc on pouvait se le permettre. Et on a tenu ce rituel jusqu'au Covid, mais j'ai eu des problèmes financiers à partir de

L'ŒIL DU MANAGER
DAVID FOUCHER

SUR LES PRISES DE DÉCISION

En réalité, il n'y a jamais eu de sujet où on a eu un profond désaccord, un désaccord au point de camper sur nos positions, en étant persuadé que l'autre a tort. Jamais. Parce qu'on arrive tous les deux à avoir cette vision éclairée qui fait qu'il y a souvent un consensus. Quand je lui soumets une proposition, il est quasi systématiquement d'accord car il comprend vite l'intérêt qu'il a de le faire, et moi, je sais quelles sont les limites. En revanche, quand je sens qu'il n'a pas envie de le faire, je ne vais absolument pas me battre. Et puis je lui demande moins, car il y a un sujet de santé mentale à préserver, si je puis dire, au vu de toutes ses obligations : il est papa, sportif, acteur, médiatique, le fait qu'il ne puisse plus sortir dans la rue tranquillement… Mais au global, on a toujours été extrêmement liés, on n'a jamais eu de conflit.

ce moment car il n'y avait plus de combats, plus rien, c'était compliqué et j'avais fait des investissements. Mais après, financièrement, c'est reparti, que personne ne s'inquiète pour moi.

Rivaux de galas

Après le Tournoi des dragons, j'ai été beaucoup plus sollicité. Mais bien entendu, à petite échelle, à l'échelle régionale. Notamment dans les galas. Il y a ce qu'on appelle « les championnats », où tu vas dans un gymnase. Tous les combattants de la ville, de la région, ou bien de France, si c'est un tournoi national, sont là. Il y a quatre ou cinq rings, tout le monde combat en même temps. « On appelle Doumbé au ring numéro 2 », par exemple. Mais les galas, c'est différent. C'est vraiment un show organisé en soirée, par une ville ou par n'importe qui. Un gala peut être organisé par un particulier, avec des sponsors. Et là, tu es payé. 500 € pour un combat, 1 000 € pour un autre, mais c'est déjà beaucoup. Ça peut descendre à 200 € pour un *fight* ou même 150 € quand tu commences.

J'avais marqué les esprits, sur le fond et sur la forme.

Après le Tournoi des dragons que j'ai remporté, je suis passé de 300 à 500 € le combat. Et on me sollicitait déjà beaucoup plus qu'avant pour les galas. J'avais marqué les esprits, sur le fond et sur la forme. Les championnats, soit tu es qualifié, soit tu ne l'es pas, mais le gala, c'est quelqu'un qui établit le plateau de la soirée et il choisit tel, tel ou tel combattant. Et dans ce type d'organisation, ils avaient encore plus envie de me voir, sachant que si on mettait Doumbé, on aurait du K.-O., on aurait du spectacle, on aurait du trashtalk. Ils savaient désormais qu'après ma victoire j'allais danser, j'allais arriver avec une musique qui allait faire bouger tout le monde, que j'allais me moquer de mon adversaire pendant les deux ou trois semaines précédant l'affrontement, que j'allais matraquer les réseaux sociaux... Et surtout qu'il allait y avoir un K.-O. et du show pendant le combat. Donc j'étais très aimé. Et on m'appelait logiquement pour combattre.

Dans les galas, je me souviens d'une seule défaite. C'est arrivé tard, contre Yoann Kongolo. Mais c'est parce que j'ai combattu en Suisse, chez lui. Et c'est toujours compliqué quand tu combats à l'étranger, chez le mec. C'est le jeu aussi quand tu es à l'extérieur, tu dois en faire plus. C'est comme dans le foot, l'équipe à domicile gagne plus souvent que celle qui se déplace. Et c'est pareil dans un sport de combat : quand tu affrontes un mec chez lui, les juges vont le favoriser un peu. Il faut marquer les esprits et surtout vraiment faire la différence, gagner sans discussion, sinon c'est compliqué. En Chine, je me suis fait voler lors d'un combat, par exemple. J'envoie le mec trois fois au tapis et je suis déclaré perdant. Là, tu rigoles, tu sais que c'est n'importe quoi. Ça pique quand même, car sur le papier, c'est une défaite, mais cela passe vite.

Contre Yoann Kongolo, c'étaient mes débuts en kickboxing aussi. C'est vrai que j'ai mis un genou à terre dans le premier round, mais j'ai fait la guerre pendant les deux suivants. C'est une défaite que je n'accepte pas parce que ce n'est pas une vraie défaite, malgré tout, elle est plus acceptable que les autres, elle est moins controversée. Cela méritait un combat nul, mais ce n'est pas choquant qu'ils m'aient donné la défaite. Kongolo est l'un des quatre plus grands rivaux de ma carrière, avec Nieky Holzken et Murthel Groenhart plus tard. Eddy Lacrosse a été le premier d'entre eux. C'est le combattant qui se rapprochait le plus de mon profil : on était musclés, on avait le punch, on mettait beaucoup de K.-O., on était dans la même catégorie… Donc forcément on était deux rivaux, il avait sa fanbase et les gens pariaient sur nous. J'étais d'Angoulême, lui était Bordelais… Et il n'arrivait jamais à me battre. Lui, comme mes autres rivaux par la suite, je les ai combattus plusieurs fois. C'était comme Frazier et Ali. On ne se détestait pas. Quand on est rivaux, on peut bien s'aimer, mais de loin. On se respectait tous. J'ai quasiment toujours gagné contre eux quatre, et en dehors du premier combat contre Kongolo en Suisse, j'enregistre une défaite contre Murthel Groenhart à Chicago, mais là aussi je me fais carotte alors que je gagne le *fight*. Ce sont les deux seules défaites contre mes rivaux. Je bavarde de temps en temps avec Eddy Lacrosse. Avec les autres, non. Murthel Groenhart, cela pourrait vraiment être mon pote. On a parlé un peu après l'un de nos combats, il est venu dans les vestiaires, on pourrait discuter régulièrement si nos vies n'étaient pas si intenses. Kongolo pareil, on a échangé après le combat. Lui et Groenhart, ce sont vraiment de bons gars, des combattants avec qui j'aurais plaisir à échanger. Holzken, en revanche, c'est le seul qui n'a pas avalé les deux défaites. Jamais on ne pourrait partager suffisamment de choses pour être amis ou même de simples personnes qui discutent sans animosité.

La galère des débuts

Pour revenir à mes débuts en professionnel dans le full-contact, après le Tournoi des dragons, je reste à Angoulême pendant une bonne période. L'entraînement ne change pas vraiment. Techniquement, cela reste la même chose. Mais tu en fais beaucoup plus d'un point de vue physique : plus de fractionnés sur la piste, plus de rounds au sac, on fait des mises de gants, c'est-à-dire des entraînements dans d'autres villes. Notamment à Limoges, chez mon pote Wilfried Martin, ancien champion du monde de full-contact et de kickboxing. Il représente vraiment un grand atout dans ma carrière et a été d'une grande aide. Il m'a accepté dans sa salle à une période où j'étais seul.

Avec lui et d'autres, on se connaît tous depuis longtemps à force de participer à des compétitions ensemble. Notamment l'ancien champion de France de full-contact Brahim Hanafi, qui m'a aussi accueilli dans sa salle à Saintes, en Charente-Maritime. Je mettais cinquante minutes aller-retour pour aller là-bas, une heure et demie pour me rendre à Limoges... C'était la belle époque, l'époque où tu charbonnais pour réussir. L'époque des galères. L'époque où j'espérais devenir ce que je suis aujourd'hui, sans savoir que j'allais réussir. C'est la partie immergée de l'iceberg de ma carrière, que personne n'a vue. Je m'endormais sur la route, j'ai frôlé dix fois la mort. Je prenais des gens en BlaBlaCar tôt le matin, je revenais après des entraînements difficiles, j'étais fatigué. Je n'ai jamais eu d'accident finalement. Soit je m'arrêtais pour m'endormir, soit je continuais et j'essayais de faire attention. À côté de ça, j'étais surveillant au lycée et je faisais même une fac de psycho, à distance. Mais c'était très dur et c'est là que je me suis rendu compte que j'avais besoin d'un prof qui t'explique, car c'est toujours plus efficace.

C'était la belle époque, l'époque où tu charbonnais pour réussir.

Je n'ai pas été au bout de ma licence mais je ne regrette pas, car les études, ce n'est pas une fin en soi. Si je parle à des jeunes qui ont des difficultés à l'école, en ayant tout tenté pour y arriver bien évidemment, je leur dis que le système scolaire n'est pas leur voie, et qu'ils en ont une autre qui peut être tracée. Tu peux faire autre chose, ou la même chose mais autrement, en dehors de l'école, en allant directement apprendre le métier que tu veux faire, sur le terrain. Tu peux même être journaliste par exemple. Bien sûr, il faut que tu aies les bases, que tu saches écrire, que tu aies la maîtrise de la langue française, mais tu n'es pas obligé d'avoir ton bac ou ton diplôme. Après, je comprends bien que l'Éducation nationale ne peut pas prendre tous les jeunes et les former un à un sur le terrain directement. Mais ce que je veux faire comprendre, c'est que les échecs scolaires ne sont pas forcément synonymes d'échecs dans la vie. Je n'ai pas été au bout de mon diplôme dans l'enseignement supérieur et voilà ce que je suis devenu. D'autres étaient en retrait au collège, pourtant ils ont réussi à monter leur entreprise ou à raccrocher les wagons plus tard. Il n'y a pas qu'un seul chemin de tracé.

Je pousserai mes enfants à faire des études, mais je m'adapterai à leurs capacités. Ce qui manque aujourd'hui, ce sont les métiers manuels, maçons, chefs de chantier, menuisiers, jardiniers, couturiers… S'il n'y avait pas des personnes pour effectuer ces boulots, le monde ne se porterait pas bien. Il faut faire des études, mais il y a des jeunes qui ne sont pas faits pour rester sur un banc à écouter un professeur toute la journée. Ma mère ne s'est jamais pris la tête avec moi sur le sujet. Elle m'embrouillait surtout pour mon comportement à l'école, parce que je faisais le pitre. Elle savait en revanche que j'étais intelligent et donc c'était comme si, au fond d'elle,

elle savait que je ne serai jamais en galère, que je ne gâcherai jamais ma vie. D'ailleurs, quand elle a vu que ça fonctionnait avec le sport, elle ne m'a plus vraiment parlé de la réussite de mes études. Elle ne m'a jamais dit : « Mets de côté le sport et continue la fac. » Quand j'ai commencé à gagner un peu d'argent avec les combats, des 3 000 €, 5 000 € par tournoi, j'ai d'ailleurs vite compris que je ferai carrière dans le sport et non dans un secteur plus classique.

Garder les pieds sur terre

J'économise beaucoup par ailleurs, hier comme aujourd'hui. Je n'ai jamais été un grand dépensier, parce que j'ai toujours vécu avec peu de sous, avec ma mère qui galérait. Donc j'ai eu cette culture d'économiser. Je n'ai jamais vécu comme un riche, je n'ai jamais eu l'amour des belles choses, les voitures, les vêtements, ça n'a jamais été dans mon cœur, tout ça ou juste un peu quand j'étais jeune. Aujourd'hui, je gagne beaucoup d'argent, je pourrais avoir une belle voiture, mais ce serait de l'argent gâché à mes yeux. Une Rolex, c'est beau, et ceux qui en ont une, je ne les critiquerai pas, mais cela ne m'intéresse pas, cela ne me servirait à rien.

Mon seul kif, c'est d'avoir une belle maison, que ma famille, que ma mère soient bien dedans. Si mes proches ne sont pas heureux, je ne peux pas l'être non plus, même si j'ai les plus beaux vêtements ou les plus belles voitures du monde. Si mes enfants sont heureux, si ma femme est heureuse, si ma mère est heureuse, même si je n'ai rien, alors je suis heureux. Mon bonheur passe par celui de mes proches.

L'être humain n'est jamais satisfait, en réalité. Dans ce bas monde, tout n'est que jouissance éphémère. Le téléphone portable que tu aimes, au bout de quelques mois tu peux déjà ne même plus y faire attention. La maison dans laquelle je vis aujourd'hui, c'est un loft. Quand je l'ai visité, il y a cinq ans, je me suis dit : « Il me faut absolument cette maison. » Je voulais vraiment que le propriétaire accepte mon dossier. Et aujourd'hui, j'ai envie de partir, parce que je vois tous les défauts : ce n'est pas assez éclairé, ça me saoule de monter les escaliers, il fait un peu froid en hiver… Je me suis lassé. C'est pour ça qu'avec le temps, avec l'expérience, tu comprends que tout n'est qu'éphémère.

Quand j'étais plus jeune, certes, je voulais voyager, je voulais telle voiture, telle baraque… Quand j'étais en amateur, en semi-professionnel à Angoulême, j'allais chez Zara. Ce n'est pas donné, cette enseigne. T'as des vestes à 60 €, à 90 €. À mon âge, des articles à 20 €, c'était bien, des tee-shirts à 9 €, ça commençait à faire beaucoup. J'étais vraiment satisfait quand j'en achetais à 6 ou 7 €. Et je me disais que lorsque j'aurai percé, je viendrai chez Zara et je ne regarderai même plus les prix. Aujourd'hui, j'ai percé. Mais je ne vais plus chez Zara. Tu as des objectifs en tête quand tu es plus jeune et quand tu es sur le point de les atteindre, tes objectifs changent. C'est la course aux richesses. Et quand tu as ça dans le cœur, c'est une course perpétuelle, tu veux toujours plus. Avant tu voulais Zara, maintenant c'est Gucci. Quand tu auras Gucci, tu voudras Hermès, quand tu auras Hermès, tu voudras être le maire de la ville, quand tu seras maire, tu voudras être président de la République. Et quand tu seras président, tu voudras être Bernard Arnault !

Tout ça me fait penser aux films sur les mafieux. Dans *Escobar*, quand Pablo commence, c'est un petit trafiquant de rien du tout dans la rue. Il dit : « Non, j'ai envie d'être le chef de la

L'ŒIL DU MANAGER
DAVID FOUCHER

CÉDRIC DANS LE VESTIAIRE

C'est là où il commence à stresser. Son combat débute réellement à ce moment. Les personnes lambda ne peuvent pas imaginer ce que les athlètes ressentent à cet instant. Tu as parfois l'impression que tu as encore une heure devant toi, mais en raison de combats qui se terminent plus rapidement que prévu, on t'annonce finalement : « Cela commence dans dix minutes ! » Aux Jeux olympiques, à la minute près, on sait à quelle heure chaque sportif va commencer. Pas chez nous. Cette gestion du pré-combat pour les combattants est donc compliquée. Après, Cédric a beaucoup d'expérience, donc il maîtrise cette séquence plutôt bien. Et il rentre dans son personnage de combattant petit à petit. Mais il faut comprendre qui il est. Lors de l'avant-combat contre Baki, jusqu'au bout, je discute avec Éric, Ramzy et Jamel pour qu'ils participent à son entrée, en référence à la série *H*, puisque arriver avec l'ambulance est impossible. Cela ne peut finalement pas se faire pour différentes raisons, mais il reste la possibilité que Cédric fasse son entrée à Bercy avec une blouse et un stéthoscope. Mais il y a encore un problème avec la visibilité des sponsors en raison de la blouse. Quinze minutes avant son arrivée dans la cage, j'apprends que c'est mort. Lui, à ce moment-là, il commence à pousser ses cris de combattant qui va entrer dans l'arène. Je lui annonce rapidement la nouvelle, il me demande pourquoi, je lui propose un live Instagram comme dernier recours. Et là il me dit non, un non où j'ai compris que c'était non, un non de chez non. Dans le vestiaire, le fanfaron a disparu. Même s'il va le refaire un peu en rentrant dans la salle, à ce moment-là il est vraiment concentré. Il répète une ou deux techniques, parfois il en teste une qu'il n'a jamais faite auparavant. Il se tape la tête, Abdelah l'invective gentiment. Et il rentre définitivement dans son *fight*.

rue, de contrôler trois ou quatre rues. » Puis, quand il est chef de plusieurs rues : « Non, j'ai envie d'être le capitaine », puis chef de cartel. Il bute des mecs, il veut contrôler sa ville, puis la Colombie, jusqu'au moment où il fait de la politique et il se fait tuer. Parce qu'il y avait trop de ressources à glaner. La vie, c'est toujours comme ça. Il a une femme, il en veut deux, c'est aussi pour ça qu'il y a des infidélités. Parce que t'as toujours soif, soif, soif. Si tu n'as pas de règles, si tu n'es pas structuré, si tu n'as pas les pieds sur terre, tu peux vite t'égarer.

Si tu n'as pas de règles, si tu n'es pas structuré, si tu n'as pas les pieds sur terre, tu peux vite t'égarer.

Moi, pour garder les pieds sur terre, j'ai l'islam, qui instaure un règlement intérieur de ma vie. La vie ici-bas sur la Terre. Cette terre que l'on voit, ces arbres, ces nuages, le soleil, la Lune, ces plantes ne sont pas le fruit du hasard, à mon avis. La pollinisation, c'est un pollen mâle, qui va aller polliniser d'autres plantes là-bas, qui sont femelles. Et c'est grâce au vent, qui l'emporte. Ensuite, les animaux vont venir manger les fruits de cet arbre, de cette plante-là, et dix ou vingt kilomètres plus loin vont aller déposer leurs excréments. Et dedans il y a des graines qui vont aller dans la terre et qui vont repousser ? C'est un truc de fou. Pareil avec la mer, qui se transforme en pluie, qui va ensuite revenir dans la mer ? C'est trop harmonieux pour être le fruit du hasard.

C'est quand tu médites sur la création que tu comprends qu'il y a un créateur. Et si tu comprends le rôle des plantes, des arbres, de l'eau, pourquoi nous, les êtres humains, avons-nous été créés ? C'est là où j'ai commencé à m'interroger. Et Dieu, dans le Coran, nous dit qu'il nous a créés pour qu'on l'adore. C'est-à-dire pour être reconnaissants envers lui et faire ce qu'il nous ordonne de faire, s'éloigner de ce qu'il nous interdit et essayer de se rapprocher de lui au maximum. C'est le règlement intérieur de la vie. Quand on entre dans un bâtiment, il y a un règlement intérieur. Quand tu vas à l'Assemblée nationale, à l'Élysée, il y a des choses que tu peux faire, d'autres que tu ne peux pas faire, des choses que tu dois faire, d'autres que tu ne dois pas faire, et enfin des choses qui te sont juste permises. En France, il y a la Déclaration des droits de l'Homme, la Constitution ou le Code civil. Et depuis la nuit des temps, avant même la création de l'État français, il y avait le règlement de la vie. Et c'est le Coran. Quand tu as ça, que tu sais d'où tu viens, pourquoi on a été créés et où tu vas finir, tu relativises et tu comprends qu'en fait, la Terre est éphémère. Il y a une chose dont on est sûr, qu'on soit musulman ou pas, croyant ou pas, c'est qu'on va mourir. Ça, c'est sûr et certain. Les gens vont penser à nous un mois, deux mois, trois mois. Ensuite, c'est fini. Peut-être que chaque année, nos proches vont se souvenir qu'on est mort tel jour ou, si on est un peu connu, des journalistes vont dire : « Ah, c'est aujourd'hui, il était bien lui quand même, on va peut-être faire un reportage sur lui. » Trois jours après, c'est fini. Hormis quelques fans inconditionnels, comme ceux de Johnny Hallyday, qui se font faire la même coupe que lui. Mais eux, c'est extrême, ils ont voulu et veulent te ressembler même après ta mort… Quand tu meurs, c'est fini, on t'oublie, donc cela ne sert à rien de passer toute ta vie à essayer de charbonner pour être riche. Tu meurs, et tu laisses de l'argent sur ton compte, c'est fini.

Pourtant, je suis économe, ce n'est pas le sujet, je ne dis pas qu'il faut tout dépenser pour tout et n'importe quoi. Mon argent, j'estime que je l'utilise toujours dans le bien, je donne aussi aux pauvres, aux nécessiteux, parce que ce qu'on a dans nos comptes, on n'en a pas forcément besoin. Il ne s'agit pas de donner à tout le monde, sans réfléchir, il faut le faire intelligemment. Et Dieu, dans le Coran, dit que la meilleure aumône que tu puisses faire, c'est dans ta famille. Ta mère, ta femme, tes enfants, tu leur en fais profiter.

L'argent est dans ta main, pas dans ton cœur. Demain, ça ne me dérange pas d'aller dans ma buanderie, de donner mon habit le plus cher, si cela fait plaisir à quelqu'un, car il se peut que je meure demain. Il faut être vraiment détaché des choses matérielles dans ce bas monde, mais toujours en trouvant le juste milieu. J'ai une vie sociale, une femme, des amis, je vis, je ne suis pas d'un côté dans l'ascétisme extrême, ni de l'autre dans le : « On n'a qu'une vie, il faut profiter, peu importent les conséquences. » Je garde les pieds sur terre et je suis conscient de ce qui m'entoure. Comme dirait Jean-Claude Van Damme, je suis « *aware* ».

Regarder ceux qui ont moins

Je me rends compte de la chance que j'ai de me lever le matin, de ne pas vivre dans la peur comme à Gaza, par exemple. À Rafah, ils ne savent même pas s'ils seront encore là demain, on ne se rend pas compte. C'est-à-dire que tu vis aujourd'hui, et potentiellement, demain, tu ne te réveilleras plus jamais, parce que tu as été bombardé pendant que tu dormais. Nous ne vivons pas ça, il faut réaliser la chance que nous avons. Je sais que, là où j'habite, je ne serai jamais bombardé. Je ne suis pas dans cette incertitude-là, et j'ai conscience que c'est une chance. Je sais que si j'ai faim, je peux aller au restaurant. Certaines personnes, en France, ne le peuvent pas. D'autres, lorsqu'ils vont faire leurs courses, regardent tous les prix, utilisent même une calculatrice et ne peuvent pas prendre tout ce qu'ils aimeraient acheter. Et parfois, cela va jusqu'à ce dont leurs enfants et eux-mêmes auraient besoin pour vivre. Je faisais ça quand j'étais au collège ou au lycée, on allait entre midi et deux à Auchan, on avait des petites pièces, on devait reposer des produits quand on n'avait pas assez. Aujourd'hui, ça ne m'arrive jamais de reposer quelque chose, parce que j'ai les moyens de me payer tout ce que je veux.

Regarder ceux qui ont moins et ceux qui souffrent plus, ça, c'est l'islam. Je n'ai pas dit que c'étaient les musulmans, car ils restent des êtres humains, et ils sont faillibles. Mais l'islam est parfait pour lutter contre toutes les inégalités. Si tous les gens sur Terre respectaient l'islam, la zakat, l'aumône obligatoire, il n'y aurait plus de pauvreté dans le monde. Et même sans aller jusque-là : si seulement chaque musulman la payait à hauteur de ses richesses, il n'y aurait déjà plus de pauvres.

À quoi sont dus les plus grands problèmes à travers le monde ? Au besoin d'accumuler toujours plus de richesse ou encore du pétrole, des ressources naturelles, mais ce sont aussi des formes de richesse. Et donc Allah va venir prendre ton argent pour le donner aux pauvres. Quand tu paies la zakat, ce n'est pas comme les impôts. Si tu ne t'acquittes pas des sommes réclamées par l'État, ce dernier va venir te saisir, ou ceux qui ne veulent rien payer s'en vont dans un autre pays. Là, Dieu ne va pas descendre, venir toquer chez toi, il va te saisir différemment. Et s'il ne te saisit pas ici-bas, ce qui est probable, il y a le jour du jugement. C'est ça finalement être croyant. Ce que tu ne vois pas, tu le crois quand même. Et tu vis comme si Dieu était à tes côtés en permanence.

Ma vie a totalement changé.

Ma vie a totalement changé. J'aime les beaux habits, même si c'est sans excès, par exemple là, quand je vous parle de tout ça, je porte du Kenzo. Mais je l'ai acheté il y a cinq ou six ans. Des paires de baskets aussi, j'en ai plein. Quand j'étais petit, c'était tellement la galère avec ma mère. Je n'avais qu'une paire de baskets pour l'année. Je voyais des amis qui avaient deux paires de baskets. Dans la même semaine, ils en avaient une pour la vie de tous les jours et une autre pour le sport. Il y a des trucs comme ça qui traumatisent. Et je me suis toujours dit : « Quand je serai grand, j'achèterai toutes les paires que je veux. » Mais avec l'islam, j'ai relativisé tout ça. Un musulman ne s'habille pas n'importe comment, il doit être propre sur lui. Je le répète, pour bien faire comprendre mon détachement des choses matérielles. Quelqu'un me dirait : « Ouais, j'aime trop tes baskets, franchement donne-les-moi s'il te plaît. » « Vas-y tiens, prends-les. » Je m'en tape parce que j'ai les moyens d'en acheter d'autres, ce n'est que du matériel, et j'ai fait du bien à quelqu'un.

J'aimerais revenir sur quelque chose. J'ai parlé de Gaza plus haut, j'aurais pu parler aussi du Congo, car c'est encore plus proche du pays où je suis né, aussi parce que je suis Africain. J'ai utilisé cet exemple pour rappeler que la majorité d'entre nous vit sereinement en France. Et quand tu as un privilège, tu ne t'en rends pas forcément compte. C'est quand tu le perds que tu vois la valeur qu'il a. Quand on a de l'eau à la maison, on trouve ça normal. Mais ça ne l'est pas pour tout le monde. Avoir la vue, pouvoir voir ses proches ou un paysage magnifique, pareil, on pense que c'est un dû, mais des personnes naissent aveugles ou le deviennent. Quand on voit, on a donc aussi de la chance. À Gaza ou ailleurs, des femmes se font découper. Les enfants perdent leur mère. Des personnes vont dire : « Oui, ma mère me saoule, elle ne s'est jamais occupée de moi. » Oui, mais tu as grandi avec ta mère, quand d'autres ont vu la leur se faire violer, massacrer. Quand j'entends le bruit d'un avion passer au-dessus de moi, je ne sursaute pas, je ne regarde même pas. À Gaza, ils entendent ça, c'est directement la panique, une peur effroyable, une peur de mourir.

Pourquoi je ne suis pas loquace sur Gaza

On me demande régulièrement sur les réseaux sociaux pourquoi je ne prends pas la parole sur Gaza. Déjà parce que c'est un sujet très compliqué. Aussi parce que je suis fier. Tout le monde veut que je prenne la parole ? Tout le monde va même jusqu'à exiger que je le fasse ? Alors je ne prendrai pas la parole, personne n'exige rien de moi. Personne ne va me mettre la pression. Je prends la parole si je veux, c'est une démarche personnelle et je le fais si j'estime que cela peut changer quelque chose. Quand je l'ai prise pour dénoncer les violences faites aux femmes, personne ne m'a mis la pression, et c'est un combat que je mène, que j'ai mené et que je mènerai encore, quelque chose que je vais inculquer à mes enfants. Là, je décide de parler de Gaza dans mon livre, parce que c'est mon espace, un espace particulier. Mais en réalité, que dire ? Qu'est-ce que je peux dire que les gens n'ont pas déjà dit ? Je condamne, je condamne ce qui se passe à Gaza, mais qui ne condamne pas ? Qui va dire : « Non, non, attends, c'est normal ça, c'est la vie, la guerre fait partie de

Personne ne va me mettre la pression.

la vie » ? Qui va dire ça ? Personne ne peut dire ça. Donc finalement même moi je me pose des questions : qu'est-ce qu'on attend de moi en fait ? « Non, mais il faut que tu en parles parce que tous les gens qui sont connus le font. » Des chefs d'État en ont parlé, ont exigé un cessez-le-feu, je suis plus connu qu'eux ? Les marques et tous ceux qui financent la guerre, n'importe laquelle, déjà, il faut arrêter de leur donner de l'argent. Mais tweeter, c'est plus facile que faire un truc qui peut vraiment changer les choses, comme boycotter ceux qui financent les atrocités au Congo, à Gaza, en Chine contre les Ouïghours, et tous ces pays où il y a des génocides et des injustices.

Je sais bien qu'il y a des « vrais », qui agissent vraiment, qui boycottent vraiment, qui prennent dans leur portefeuille pour envoyer de l'argent, pour donner, pour adopter des enfants issus de la guerre. Eux, ce sont des gens que je salue, que j'encourage. Et j'estime faire partie de ces gens-là, parce qu'il y a des actions que je réalise. Mais je ne veux pas en parler plus précisément. Car il faut que ce soit sincère, donc tu ne peux pas en parler à tout le monde, c'est entre toi et Dieu. Ça, ce sont des actions qu'on pose et qui changent vraiment les choses. Mais tweeter, ça ne change rien du tout, parce que les gens sont déjà au courant. C'est vrai que quand il y a un mal, il faut essayer de le réparer, de l'empêcher par sa main. Et si tu ne peux pas avec la main, par la bouche, si tu ne peux pas avec la bouche, au moins, le plus petit niveau, c'est de le désapprouver avec son cœur. Mais par la bouche, une fois que quelqu'un l'a fait, ce n'est plus un devoir communautaire de le faire. Toi, tu veux que je parle pour satisfaire ton ego. Certains ont même dit que j'ai peur de parler parce que j'ai peur de perdre mes contrats de sponsors. Frère… Mes contrats,

L'ŒIL DU MANAGER
DAVID FOUCHER

L'IMPORTANCE DES VIDÉOS AVANT LES COMBATS

Il a besoin des vidéos et de la communication avant les combats et il n'envisage pas la prépa pour un combat autrement en réalité. Quand j'ai une idée ou que je veux lui rappeler que c'est le moment de faire ce dont on s'était parlé, je me dis toujours que cela va lui prendre du temps sur des séquences d'entraînement ou de repos, mais il me dit à chaque fois qu'il est toujours partant pour le faire. Car cela le nourrit. Un exemple concret : trois jours avant le *fight* contre Baki, un médecin, Vincent, nous contacte pour nous dire qu'on peut faire un truc marrant. Je lui demande s'il peut nous apprendre à intuber. À quelques jours du combat, un combattant a normalement autre chose à faire que de passer une demi-journée à faire le gamin dans un bloc opératoire pour une vidéo ! Mais c'est son truc, c'est ce qui lui permet aussi d'être plus efficace dans ses entraînements, car son esprit est bien préparé. Et ce n'est pas tout, car deux jours avant le *fight* contre Baki, il est aussi allé à la Fashion Week. Beaucoup pourraient dire que c'était stupide. Mais non, c'est sa façon à lui de se détendre, de penser à autre chose. Et si le *fight*, c'était : « Salut, on se combat, que le meilleur gagne », il aurait arrêté depuis longtemps à mon avis.

c'est Hallal Nutrition, des marques de viande hallal. Qu'est-ce que je vais perdre si je dénonce la situation à Gaza ?

Et sur les réseaux, si je fais une vidéo, cela peut aussi être détourné, coupé, repris différemment. « Mais qu'est-ce qu'il dit ? Qu'est-ce qu'il raconte ? Il ne maîtrise rien en fait. » Je me suis rendu compte que tous ceux qui ont exigé une prise de position de ma part, soit ils ne connaissaient pas le sujet, donc ils en parlaient mal ; soit ils connaissaient bien le sujet, ils disaient bien les choses, mais c'était mal compris. C'est très compliqué. Internet, c'est devenu l'échafaud, c'est devenu l'abattoir.

Le club d'Andre Mannaart

Je reviens à mes débuts en professionnel. À l'automne 2014, je participe à un tournoi qui s'appelle le A1 Grand Prix Tournament, à Lyon. En demi-finale, j'affronte le Biélorusse Yuri Bessmertny. C'était un miracle que je parvienne à le vaincre, il était très, très fort. Je le bats aux points, c'était incroyable, j'étais ce jeune de 22 ans qui affrontait une montagne. Je fais ma petite danse, avec mon fameux tee-shirt « Je suis le meilleur, alors que le meilleur gagne ». En finale, je tombe sur Yohan Lidon et je perds aux points. Mais c'était très controversé, je me souviens de tous les mecs de Lyon qui sont venus me dire : « Ouais, t'as gagné en fait. » C'est ce genre de décision où tu sais que tu as gagné, mais pas sur le papier, cela gâche un peu ta soirée, ta semaine, mais c'est vite oublié. Un peu comme pour mon premier combat en full-contact, cela faisait partie de mes premiers pas en kickboxing, j'avais fait une belle prestation et je m'incline de cette manière en finale, c'est la vie. Mais c'est le début de l'aventure dans cette discipline. Je suis rappelé systématiquement par des organisateurs, je suis rappelé pour aller partout.

À cette époque, plusieurs personnes à Angoulême, à commencer par mon coach, Jamel Mokeddem, me conseillent d'aller en Hollande pour m'entraîner. C'était l'essor du kickboxing, les débuts du Glory, et ils me disaient d'aller me confronter aux meilleurs kickboxeurs. J'étais à la fac de psycho à distance et surveillant au lycée. C'est une période charnière pour moi, une période transitoire. J'avais en revanche suffisamment d'argent pour prendre l'avion, donc pendant les vacances scolaires, j'allais m'entraîner en Hollande, dès que j'avais un peu de temps, à Amsterdam. Mon coach était Andre Mannaart. À l'époque, il était très connu, c'était notamment le coach de Rob Kaman, qui est mort au printemps 2024, ou de Remy Bonjasky. Badr Hari, Ernesto Hoost se sont également entraînés dans sa salle.

Mon arrivée dans son club est assez drôle à raconter. Chez moi, je consulte sur Internet beaucoup de salles en Hollande. On m'avait beaucoup parlé de Mejiro Gym. Je vais sur leur site, j'envoie un mail en demandant ce qu'il faut faire pour pouvoir s'entraîner, pour se loger, pour manger si je m'inscris chez eux. Je pensais que ce serait le gîte complet, comme dans une école de boxe ou encore mieux, un camp en Thaïlande. Je reçois une réponse très sèche : « Bonjour, ici, c'est un gym, pas un restaurant, pas un hôtel. » Je ne suis pas déstabilisé, j'ai confiance en mes talents et ma légitimité pour qu'ils me donnent l'occasion de progresser à leurs côtés, j'envoie une vidéo de mes *highlights*, avec les extraits de mes meilleurs *moves*. Dès le lendemain, je reçois un mail : « Bonjour, venez vous entraîner, ne vous inquiétez pas, on va vous arranger ce qu'il faut. » J'ai répondu en quelques instants, j'ai fait les démarches, j'ai pris mes billets de train, et direction Amsterdam avec mon gros sac à dos.

Première sensation quand j'arrive dans la capitale néerlandaise en sortant de la gare en centre-ville, il y a des vélos dans tous les sens, je ne comprends rien. Il fait un peu froid, je vois de l'eau partout, c'est comme Venise avec tous les canaux. C'est assez drôle, pour moi qui viens d'Angoulême, une ville beaucoup plus petite et calme. Je me souviendrai toujours de mes premiers pas dans ces rues, j'ai mon gros sac à dos à roulettes, qui me servait de valise, de couleur militaire. Je cherche Mejiro Gym sur Maps et j'y vais à pied. Il commence à pleuvoir des cordes. Quand j'arrive devant la salle, je pense : « Je suis devant le Mejiro Gym, à Amsterdam. » Cette sensation quand je vois cette salle mythique pour la première fois reste gravée à jamais. Je viens du fin fond du Cameroun, d'Angoulême, et me voilà ici, où se sont entraînés les plus grands. J'envoie un message au mec, mais personne ne répond. Je galère une heure à attendre sous la pluie, en essayant de m'abriter sous un porche. Cela ne m'empêche pas d'être trempé.

Je viens du fin fond du Cameroun, d'Angoulême, et me voilà ici, où se sont entraînés les plus grands.

Je décide de rentrer dans le gym, je toque et au bout de quelques dizaines de secondes, quelqu'un m'ouvre la porte. J'aperçois quelqu'un, un combattant, Sami Lamiri. On a le même âge, approximativement. Je lui parle anglais et il me répond en français au bout de quelques phrases échangées, parce qu'il capte mon accent. Je lui demande s'il est Français, mais non, il est Suisse. J'étais trop content de rencontrer un francophone dans le gym. On fait un peu connaissance, et il m'explique que celui qui gère la structure s'appelle Andre Mannaart, avec son fils Roel. Ce dernier a à peu près le même âge que moi et est même devenu champion de K-1 en 2017, chez les poids lourds. Il a participé plusieurs fois au Glory.

Sami m'explique qu'on dort dans l'appartement au-dessus du gym. Un bel appart, avec une chambre, une cuisine et une terrasse. Il m'aide à m'installer, je dors sur un clic-clac dans le salon, lui sur un autre canapé dans le même salon, et Roel est dans la chambre. Notre rythme est organisé en fonction des entraînements. C'est magnifique : tu te réveilles, tu te débarbouilles, ton sac est déjà fait et tu descends dans la salle pour 8 heures. Et le deuxième entraînement de la journée a lieu vers 19 ou 20 heures. Tous les jours, c'était comme ça, et le dimanche, on prend tous la voiture, on roule trente minutes et on va courir dans une sorte de Central Park hollandais, un parc de plusieurs hectares, avec des animaux et des gens qui courent. C'était vraiment la belle époque.

Même si, par la suite, je me suis séparé d'Andre, il m'a jamais volé. Vraiment, jamais. Ce n'était pas ça le problème. Je ne suis pas parti pour des conditions financières, mais parce que je ne me sentais pas à l'aise. J'estimais qu'il ne me donnait pas la place que je méritais. Je vais donner un exemple concret. Une fois, on est allés à une compétition en Chine. En principe, le combattant a sa chambre d'hôtel et les deux coachs partagent la leur. Mais lui disait qu'il ne pouvait pas dormir avec quelqu'un, et donc il m'obligeait à partager ma chambre avec un autre. Il prenait des privilèges qu'il n'avait pas le droit de prendre car dans ce cas précis, ce n'était pas lui qui combattait. Moi, je ne suis pas une personne maniérée, tu me mets avec dix personnes dans la chambre, je combats, il n'y a aucun problème. Mais au moins demande-moi si ça me dérange ou non. Andre m'imposait ce type de choix. C'est un petit détail en réalité, une question de principe, mais il y en a eu plein d'autres du même genre qui ont fait que je ne me sentais pas à l'aise.

Premiers combats à l'étranger

Pendant cette période, qui va durer un an et demi, je fais de gros combats à l'étranger, en Chine notamment. Au sein d'une organisation qui s'appelle Glory of Heroes, qui n'a rien à voir avec le Glory que tout le monde connaît en Europe. Je commence alors à partager l'affiche avec des grands noms, comme Giorgio Petrosyan – c'était vraiment quelqu'un à l'époque. C'est lors du Glory of Heroes 4, à l'été 2016, que j'ai aussi croisé un futur grand nom des sports de combat. Pendant mes ultimes jours de préparation pour affronter Chen Yawei – que j'ai battu par K.-O. avant la fin du premier round –, j'étais au sauna, il n'y avait pas grand monde. Les Chinois n'ont pas vraiment besoin de réaliser de grosses pertes de poids, ils sont déjà très minces. Seuls les étrangers l'utilisaient. Quand je suis arrivé ce jour-là, il n'y avait même que moi au début. Je me souviens du bain chaud, du bain froid, du sauna et du hammam. Et moi, je naviguais entre les trois premiers espaces. Je vois un Renoi qui arrive, un gars d'assez grande taille, il se met en caleçon et va dans le sauna. Je navigue toujours mais je vais à mon tour dans le sauna. Je le salue et lui me regarde, il me voit en train de transpirer, je galère un peu. Il me demande : « Mais tu ne mets rien sur ta peau, pas de crème sur toi ? » Je lui dis que non, et il me tend un tube, sur lequel il y a écrit « Sweet Sweat ». C'est un peu comme de

UN JOUR COMME UN AUTRE POUR UN CAMÉLÉON

Je vais vous raconter une anecdote qui permettra à chacun de saisir pourquoi Cédric est un caméléon au quotidien. C'était avant le combat contre Baki, en mars 2024, le jour d'un enregistrement télé. Il est 22 heures, on est à la Atch Academy, à Aubervilliers. Un horaire classique pour lui car nous sommes dans sa routine : un entraînement tôt le matin, un autre tard le soir. Entre ces deux moments de sport, on avait enregistré des contenus vidéo pour ses réseaux sociaux, puis on était passés récupérer une tenue. Tout ça alors qu'il n'avait pas mangé le midi. L'heure approche et, comme d'habitude, je le presse car il est toujours en retard. Or, on doit aller sur le plateau de *Quotidien*. L'enregistrement a lieu à 22 h 45, mais on a normalement rendez-vous à 22 h 30 au studio. Lui a commencé à 7 heures du matin ; à la fin de l'entraînement, il est par terre, vraiment, je le ramasse presque tellement la journée a été intense d'un point de vue sportif. Les assistants de prod de *Quotidien* me mettent la pression, me demandent quand il va arriver, me proposent un taxi moto, et je le fous limite dans la douche. On arrive dans le van, je demande au chauffeur de tracer. On a vingt minutes de route entre Aubervilliers et Boulogne-Billancourt. Je dis à Cédric : « Je te laisse quinze minutes pour te reposer, puis j'ai besoin de cinq minutes pour que tu te changes et que je t'explique ce qui se passera dans l'émission. » Il s'endort directement sur la banquette, puis se réveille, se change – comme un caméléon justement. Juste avant, il était avec des combattants de MMA à Aubervilliers, il met son tee-shirt et en même pas cinq minutes je lui dis l'essentiel. Et il parvient à faire marrer tout le monde dès le début, c'est le mec sympa, le gendre idéal, il réalise immédiatement qu'il va falloir être pédagogue sur sa discipline. Une des choses qui m'impressionnent le plus chez Cédric d'ailleurs, c'est sa capacité à comprendre les gens. À comprendre ce qu'ils attendent de lui aussi. Il fait même crier un « Yann, t'es mort ! » au public pendant l'émission ! Avec six mois d'entraînement en média training, certains se seraient complètement plantés, quand lui, cinq minutes lui ont suffi pour switcher de personnage. C'est ça, le caméléon. Cédric, c'est le gars qui sur une journée a fait :

– deux entraînements à finir par terre,
– deux heures de shooting vidéo pour nos réseaux sociaux,
– un essayage costume.

Et tout ça avec quasi rien dans le ventre car il doit perdre du poids.
Tu finis la journée au fin fond d'Aubervilliers à t'entraîner et vingt minutes après, tu ne sais pas encore l'émission que tu fais et qui est Yann Barthès. Mais tu fais peut-être l'un des meilleurs passages de l'émission.

l'Albolene, que tu mets sur le corps et qui permet d'ouvrir les pores pour faire suer. C'est un truc spécial pour les sportifs qui veulent perdre du poids rapidement pour la pesée, mais aussi pour d'autres personnes qui auraient besoin de suer. Je le remercie et on commence à bavarder, il me raconte sa vie, ses projets, je lui raconte la mienne. Et je lui dis que je suis en train de discuter avec le Glory. Il me dit que lui aussi, que cela devrait se faire, peut-être aussi qu'il partira à l'UFC après, mais dans un second temps. À la fin de la discussion, on se checke, on se retrouve à l'hôtel, on reparle un peu, on se sépare et chacun fait sa vie. C'était Israel Adesanya. Il était venu pour affronter Yousri Belgaroui. Les deux se sont même de nouveau affrontés au Glory quelques mois plus tard, à Denver. Comme quoi, dans ces organisations moins connues, j'ai rencontré des grands noms, actuels ou futurs.

C'est à cette période aussi que j'ai commencé à combattre dans le Partouche Kickboxing Tour organisé par Kader Marouf, un ancien combattant français, devenu un très grand organisateur et promoteur de sports de combat dans l'Hexagone. J'ai combattu là-bas pour la première fois en mai 2015, dans ce qu'il avait appelé le « Tournoi à 100 000 € ». Ce n'est pas ce que le gagnant empochait, mais ce que cela lui avait coûté ! Le vainqueur, lui, glanait quand même 10 000 €, ce qui représentait une grosse somme à cette époque. C'était un événement incroyable.

Je me souviens du premier Partouche Tour auquel j'ai participé. C'était l'époque où je m'entraînais seul. J'ai pu aller deux semaines aux Pays-Bas, mais j'avais cours et j'étais toujours surveillant. J'avais tout de même pris un préparateur physique à Angoulême, et à côté, j'allais boxer. Notamment à Limoges avec Wilfried Martin, donc une heure et demie de route aller, une heure et demie de route retour, le lundi et le vendredi. J'arrivais à 10 heures pour une séance de sparring, je terminais vers 11 h 30, midi, et je revenais à Angoulême. Parfois, je faisais aussi des mises de gants chez Brahim Hanafi, à Saintes.

J'ai gagné tous les Partouche Kickboxing Tours auxquels j'ai participé. Je rencontre souvent mes deux rivaux de l'époque : Djibril Ehouo, alias « le Grizzly », et surtout le Turc Vedat Hoduk. La première fois contre ce dernier, c'était en 2014 au golf club de Mionnay, au nord de Lyon. Je me fais voler, avec son coach qui met la pression aux juges alors que je l'avais dominé. Ils annoncent un combat nul, juste pour dire qu'il ne perd pas. La deuxième fois en revanche, c'était au tournoi Partouche, en octobre 2015. Je bats Ehouo par K.-O. au premier round, puis en finale je surclasse Hoduk dans les trois premiers rounds. Mais encore une fois je me fais voler, il y a des sifflets dans la salle quand cela annonce un extra round, les commentateurs sur Kombat TV ont même dit : « Je ne comprends plus rien à la boxe », puis : « Justice ! », quand on m'annonce victorieux à la fin de l'ultime round. L'année d'après, deux mois après mon combat contre Chen Yawei en Chine, j'ai affronté Vedat Hoduk une dernière fois, toujours au casino Partouche de Lyon. Cette fois-ci, je le mets K.-O. avec un superbe uppercut au milieu du troisième round. Franchement, quand je repense à ça, ça me fait des frissons, c'était une belle époque. Je suis nostalgique, je montais des fois à Paris pour m'entraîner, je galérais… mais c'était bien, en fait. C'est comme quand les anciens disent que c'était

Franchement, quand je repense à ça, ça me fait des frissons, c'était une belle époque.

mieux avant, qu'ils faisaient de la menuiserie, qu'ils allaient pêcher avec leur père. C'était la vraie vie.

Nostalgique aussi de mes voyages, en France et à l'étranger. J'ai parlé de la Chine mais je me souviens aussi du premier d'entre eux, en 2013, à Pise, en Italie. C'était un championnat d'Europe contre Davide Saini, un grand Italien plein de tatouages, et j'ai gagné par K.-O. au bout de treize secondes. C'était incroyable, mais j'ai une anecdote qui l'est tout autant, dans les jours qui précèdent le *fight*. On arrive à l'aéroport, on va à l'hôtel, une petite auberge de jeunesse complètement éclatée. C'étaient mes débuts, je n'avais aucune notion du poids. Je devais perdre deux ou trois kilos. On a toujours des idées reçues sur comment perdre du poids pour la pesée, surtout quand on n'est pas encore professionnel. Comme les Thaïlandais qui s'écrasent les nerfs du tibia. Et parmi elles, le fait d'enfiler un sac-poubelle : faire un trou pour la tête, deux pour les bras, l'enfiler comme un tee-shirt et passer la nuit avec. Tout ça pour te faire transpirer la nuit et te faire perdre tes kilos. Mais tu rigoles ou quoi ? Je l'ai fait, impossible de dormir, ça me démangeait, ça me piquait, je l'ai enlevé au milieu de la nuit. Et le lendemain, j'avais même pas perdu 100 g. Du coup, il fallait que je me grouille de fondre, mais je n'avais rien prévu pour courir, j'avais des semelles plates, de ville, pas de vêtements pour m'entraîner. D'ailleurs, dans l'avion, je me disais que ça irait, je buvais un jus de tomate, un café, je n'avais pas de notion sur la perte de poids. J'avais même pris un chocolat chaud, avec du sucre, alors que c'est interdit. Mais après la nuit, je me dis : « Purée, il faut que je perde deux kilos, je dois aller courir. » Pas le choix, je mets mes baskets de ville, mon pantalon de ville, ma petite doudoune. Mais c'était l'hiver, cela veut dire que pour pouvoir transpirer… Je mets aussi un bonnet. L'auberge était en face d'une église, je fais des tours et des tours, je sens que je transpire un peu, dans mes affaires de ville, il faut imaginer la scène. Finalement, je perds du poids, mais j'ai sûrement encore un kilo en trop. C'est mort, je ne peux pas faire plus, je ne peux pas perdre plus, je n'ai pas mangé depuis deux jours. Je vais quand même à la pesée, un gars voit mon poids et me dit : « T'inquiète, c'est bon, c'est bon ! » Je me dis : « Attends, c'est bizarre. » Davide Saini monte se peser, mais nous, on ne voit pas son poids. Le gars de l'organisation dit : « Ouais, c'est bon, t'inquiète, son poids est bon aussi. » Et on a vite compris que lui non plus n'était pas au poids, que c'était à l'arrache. Du coup, j'ai couru autour de l'église pour rien, surtout qu'il était sûrement plus lourd que moi encore.

Mais ce n'est même pas le plus drôle dans ce périple. Je me souviendrai toujours de l'organisateur, qui s'appelait Giovanni Redi. On était partis dans sa salle faire un peu de tapis, il nous avait dit : « Franchement, je vous aime bien, j'aime bien Cédric, et si vous gagnez, on va aller voir des filles, on va aller dans un strip club qui est en partenariat avec l'organisation, vous allez kiffer, ça va être incroyable. » Je gagne par K.-O. au bout de treize secondes et plus personne ne m'adresse la parole, ils étaient dégoûtés parce que j'avais battu un Italien, ils me disent même de ne pas faire ma danse sur le ring. Le gala se termine, je demande à Giovanni Redi s'il y a une soirée, il me dit : « Nan, laisse tomber, il n'y a rien ce soir. » C'était archi-marrant.

La galère faisait partie des sports de combat à mon époque, et évidemment avant mon entrée dans le circuit également, peut-être même encore plus. Ce n'était pas un sport hyper-cadré ni hyper-structuré. On n'avait pas de sponsors, ce n'était pas une discipline olympique, les organisateurs et les coachs n'avaient pas les moyens suffisants pour que cela puisse se développer, alors c'était à l'arrache… Aujourd'hui, les mecs qui font des sports de combat peuvent être à l'Insep, ont un kiné… C'était impensable pour un combattant de muay thaï, de kickboxing, de full-contact ou même de MMA car ce n'était pas encore légalisé. Des fois, on t'appelait quelques semaines avant parce qu'Untel s'était blessé, ou même la veille parce qu'un combattant s'était désisté. Sans parler de l'histoire de Johann Duhaupas, en boxe anglaise : il vient en Russie pour proposer un combat à Aleksandr Povetkin, mais ce dernier est contrôlé positif à l'ostarine. En théorie, son adversaire devrait refuser de monter sur le ring puisque le *fight* n'est plus reconnu par la Fédération et pourtant, Johann Duhaupas accepte d'affronter Povetkin… le jour du combat. Il a perdu par K.-O. mais il a gagné le respect. Il n'avait même pas de chaussures de boxe, il a joué avec des baskets ! Duhaupas a bien expliqué après le combat notre état d'esprit à l'époque : « Je ne suis pas en début de carrière, aucun promoteur ne m'offrira un pont d'or pour que je monte une carrière à mon âge, j'ai toujours fait ma carrière sans télé, sans grandes aides à part celle d'amis qui m'ont permis de m'entraîner plus sérieusement, je ne me coucherai jamais de peur, je vais monter sur ce ring et tout donner, je n'ai rien à perdre ! […] Victoire ou défaite… je n'aurai pas à rougir car je ne me coucherai jamais, je suis un boxeur et un boxeur, ça boxe. »

Une autre anecdote. On est en Chine, je me promène, je suis dans ma perte de poids, je suis crevé, je vois un petit resto avec barbecue de chien, je me dis : « Mais nan… » Je vais dans une petite épicerie, j'achète du poulet sous vide, c'était dégueulasse. Une grosse galère encore une fois, et j'étais seul. Mais je me rappelle m'être dit : « T'es en Chine, il neige un peu, tu ne te rends pas compte, tu vas combattre dans ce pays, t'as 20 ans, mais qui fait ça ? » Je me rendais déjà compte de la chance que j'avais. Il ne se passait rien d'extraordinaire, j'essayais juste de chercher un truc à manger, mais j'imaginais un planisphère, et je me situais de l'autre côté du globe. Des fois aussi, quand j'étais dans l'avion, que je survolais une ville avant d'atterrir par exemple, je pensais au quotidien que j'aurais si je ne faisais pas ce sport. En Australie, j'ai combattu Maseh Nuristani, avant mon arrivée au Glory. Et je me suis retrouvé à prendre un brunch avec un gars de l'organisation. En Australie ! Encore aujourd'hui, je réalise à quel point c'était un truc de fou.

Entrer au Glory

J'ai très vite été présent sur les réseaux sociaux. En 2014, 2015, j'étais particulièrement actif sur Facebook, toujours dans la communication avant chaque combat. Pour voir l'actu de mon sport, je repérais les hashtags #Glory8, #Glory10, etc., sur les réseaux sociaux. Cette organisation, c'était quelque chose. Je me souviens très bien du Glory 6, à Istanbul, avec notamment le Turc Gökhan Saki en tête d'affiche, mais aussi mon futur rival Nieky Holzken qui combattait Karim Ghajji. Je suis tombé sur un reportage sur France 2, qui faisait le portrait de Karim. Je me disais que c'était incroyable qu'ils combattent tous les deux. Le jour J, ils se livrent une guerre mais Karim perd sur TKO en raison d'une ouverture après un violent coup de genou de son adversaire au visage. Je me dis que c'est un monstre, ce Nieky Holzken, que je ne sais pas si je vais le combattre un jour, mais que ce serait une vraie galère si c'était le cas.

Quand je publiais quelque chose sur les réseaux sociaux, je mettais toujours #TheBest #LeMeilleur mais aussi #Glory22. Pour dire que dans les années qui viennent, je serai peut-être suffisamment bon et connu pour participer au Glory 22. J'ai dit ce chiffre comme j'aurais pu en dire un autre, c'était juste un nombre suffisamment loin de ceux qui avaient lieu au moment où j'ai cette idée. Les mois et les années passent, Glory 10, 12, 17, 18, 19. On se rapprochait du 22, mais je savais qu'il y avait très peu de chance que cela arrive. J'avais fixé ça comme un objectif, une motivation. Or, je n'avais toujours aucun contact avec le Glory. Mais je découvre quoi ? Que le Glory 22 sera le premier à être organisé en France. Je ne suis pas sur l'affiche, bien sûr, c'est Yoann Kongolo contre Karim Ghajji. Je me dis tant pis.

Et puis un jour, je suis dans les toilettes, mon téléphone sonne. Je me dis : « Flemme. » Mais je réponds, c'était un promoteur français et il me dit : « Salut Cédric, est-ce que ça t'intéresse de combattre au Glory ? Parce que Karim Ghajji est blessé. » Je lui réponds en faisant genre, avec un ton calme : « Ouais, ben ouais, normal. » Alors que non seulement j'allais combattre au Glory, mais en plus j'allais avoir ma revanche contre Yoann Kongolo, dans trois semaines. Dès que je raccroche, je suis hyper-content évidemment, j'appelle tout le monde. Je demande à mon graphiste de l'époque un visuel entre moi et Kongolo au Glory 22. Je vais m'entraîner à fond. En temps normal, je n'ai jamais de boule au ventre, sauf dans les vestiaires avant les combats, je suis juste euphorique au cours des semaines de préparation, c'est le kif de communiquer sur les réseaux

L'ŒIL DU MANAGER
DAVID FOUCHER

L'IMPORTANCE DE LA VIDÉO DU CONFESSIONNAL

J'ai vite saisi sa façon de communiquer, une manière de réfléchir que je trouvais super-intéressante. Je pense que là où je l'ai aidé, ce n'est pas sur le souffle ou le fait de faire rire, deux choses qu'il a naturellement, c'est sur la professionnalisation des codes de communication. Ces codes, on a toujours voulu qu'ils soient très différents des autres combattants. Et on y est parvenu. Au début, il faisait ses petits montages tout seul, dans son coin, il découpait une tête à l'arrache et mettait un autre truc, ou bien il surnommait son adversaire « Skinny Legs » et lui mettait des jambes de poulet. Moi, avec mon savoir-faire, j'ai juste pris tout ça et l'ai aidé à faire passer ses méthodes de communication à une autre échelle. L'une des premières briques, c'était « Pray for Murthel ». Il devait se mettre en scène dans une église et se confesser des dégâts qu'il allait causer à son adversaire. Ainsi que pronostiquer comment le combat allait se passer. On crée le confessionnal, c'est dans un appartement de 25 m² avec des planches en bois découpées, les plans d'église, eux, viennent d'un édifice à Dijon, et ont été travaillés par nos monteurs. On l'a fait en anglais pour faire du bruit. Et ça a cartonné. Puis c'est devenu notre signature (un matelas pour Zébo, une ambulance pour Baki, un aspirateur pour Jaleel...). Nous sommes assez fiers du niveau d'engouement que l'on arrive à créer à chaque fois.

avant. Mais là… Je vais aller au Glory, la cour des grands, des très grands. Le Glory, c'est Tyrone Spong, c'est Gökhan Saki, c'est Rico Verhoeven, c'est Badr Hari, c'est la crème de ce sport.

Le Glory, c'est Tyrone Spong, c'est Gökhan Saki, c'est Rico Verhoeven, c'est Badr Hari, c'est la crème de ce sport.

Le Glory 22 a lieu à Lille. Je prends le train, je propose à mon pote Abdelah de venir, à Andre Mannaart. Et c'est une nouvelle vie qui commence. Tu saisis vite ce que c'est qu'une véritable organisation professionnelle, vraiment structurée. C'est fini les galères d'avant. Tu arrives en train, tu vas à l'hôtel, tu arrives, il y a ton nom, ta carte, ta chambre ; et là je ne partage pas l'endroit où je dors ! On te donne ton argent pour manger jusqu'à la fin de la semaine. Tu as des rendez-vous médias, photos, interviews. Tout est cadré. C'est là que je fais pour la première fois de ma vie une vraie conférence de presse, cadrée à ce point. Je passe vite sur le combat, même si c'est mon premier au Glory, car je le perds aux points alors que j'estime que je le gagne. Je suis vraiment dégoûté sur le moment, mais c'est ma première expérience au Glory. Je ne signe pas un contrat exclusif avec l'organisation, c'était juste un remplacement. Donc l'aventure continue et je poursuis mes combats au Partouche à côté.

En octobre 2015, quelques mois après ma première banderille plantée au Glory, il s'est passé quelque chose d'important pour moi en dehors des rings de compétition. Je vois un combattant, Mohamed Hendouf, je me dis : « Purée, mais il boxe super bien, lui ! » Il faisait de super-combinaisons et surtout, il avait ce qui me manquait à ce moment-là de mon développement : le débit, le rythme, puisque moi, j'étais vraiment dans la force. Je n'avais pas de cardio et je gagnais le combat parce que je mettais K.-O. mes adversaires. Ce qui me manquait vraiment, c'était le côté technique, une technique que je voyais chez Mohamed Hendouf. Et de toutes les personnes que j'ai croisées dans ma carrière, c'est l'une des premières dont la technique m'a impressionné. Mais ce qui m'a marqué juste après, c'est que j'ai observé deux ou trois combattants de ce club-là qui avaient exactement le même style. Donc j'ai contacté le coach et décidé d'aller m'entraîner en Belgique, à Bruxelles, très rapidement après cette découverte.

Je n'ai pas eu de retour du Glory après mon combat, mais plus tard ils m'ont assuré qu'ils avaient kiffé l'ambiance que j'avais mise, mon attitude. Un an après, en mars 2016, on m'appelle pour combattre Murthel Groenhart, qui venait de perdre face à Nieky Holzken. C'est vraiment LE combat. À Bercy, ils voulaient faire combattre des Français. Sur le papier, je n'étais pas du tout favori. Le responsable Glory France m'a par ailleurs appelé pour me proposer un contrat de trois ou quatre combats, sur un ou deux ans. J'ai préparé mon *fight* aux Pays-Bas, en France, à Saintes et à Limoges, dans les salles de mes amis. Dans mon coin, il y avait Brahim Hanafi et Wilfried Martin, je voulais les remercier de ce qu'ils avaient fait pour moi, et leur faire ce petit plaisir-là, d'aller au Glory.

J'avais préparé le combat en Belgique, et des médias comme *Tout le sport* et même France 2 étaient venus me voir pour préparer un reportage. Avant le combat, j'ai beaucoup provoqué Murthel Groenhart. À la pesée, c'était tendu, ça se pousse un peu, ça s'insulte, il me fait un doigt, on voit déjà le caractère du mec. Pendant le combat, je le balaie, je lève les bras en l'air quand il tombe, je fais le spectacle. C'était à Bercy, dans les tribunes il y avait ma grand-mère, ma mère, ma sœur, mes cousins qui venaient d'Angoulême. Je gagne ce combat aux points, je surclasse mon adversaire, je le touche beaucoup plus les rounds 2 et 3, je le mets à l'amende. C'est un souvenir magnifique, j'ai battu Murthel Groenhart, le numéro 2.

Gagner la ceinture

C'est une bascule dans ma carrière car, grâce à ce combat, on me propose neuf mois après, le 10 décembre 2016, d'affronter Nieky Holzken pour la ceinture du Glory. C'est une opportunité exceptionnelle. C'est le combat en tête d'affiche du Glory à Oberhausen, à l'ouest de Dortmund, avec celui entre Badr Hari et Rico Verhoeven. Nieky Holzken, c'est la star, il est invaincu, il faut le faire briller, mais ils ne savent pas qui lui mettre en face. Il a battu tout le monde et il y a ce nouveau venu – moi – qui a vaincu Murthel Groenhart, à qui Holzken a pris la ceinture, donc cela fait sens. Je l'ai provoqué à mort avant le combat, je lui ai même envoyé un message sur Instagram. Et je me rappelle qu'il avait dit que j'avais « une grande bouche » et qu'il allait me « botter les fesses ». En conférence de presse, je faisais aussi le spectacle. Je disais que j'allais le battre, le mettre K.-O., lui arracher la tête, je voyais dans le regard

Ils m'ont considéré comme de la chair à canon, ils se sont dit qu'il allait me battre et que ça allait faire du beau spectacle.

À l'âge de 1 an, à Deïdo (Douala, Cameroun).

À 7 ans, Cédric Doumbé avec sa tante chez le glacier.

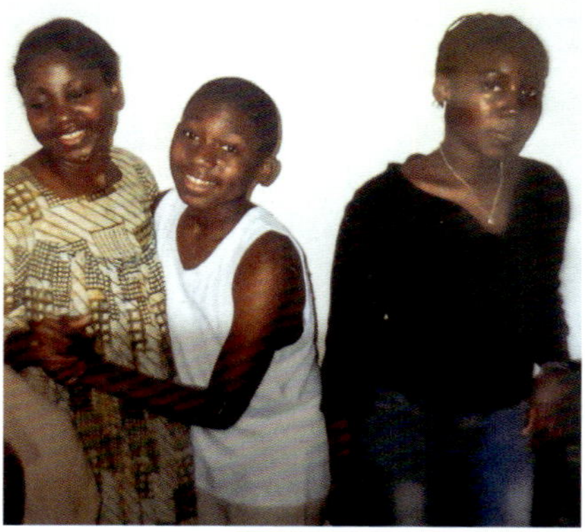

Avec sa mère et sa sœur, en 2001.

Cédric Doumbé entouré de sa sœur et de ses cousins, à Marx-Dormoy (Paris XVIIIe), en 2002-2003.

◄ **Novembre 2013** • Cédric Doumbé avec sa mère, portant un tee-shirt floqué de la phrase fétiche du combattant.

▲ En 4e, à son arrivée à Angoulême.

Cédric Doumbé avec sa sœur, à l'âge de 11 ans. ▼

▲ **12 mars 2016** • Durant la 1re édition parisienne du championnat du monde de kickboxing – le Glory 28 –, Cédric Doumbé se prépare à entrer sur le ring face au Néerlandais Murthel Groenhart, n° 2 mondial.

▲ **12 mars 2016** • Cédric Doumbé au Glory 28 à Paris s'impose par décision unanime. ▼

▲ **9 juin 2017** • Cédric Doumbé durant le Glory 42 à Paris, la veille de son combat face à Nieky Holzken pour défendre sa ceinture de champion du monde.

◀ **20 juillet 2018** • Cédric Doumbé affronte et vainc l'Argentin Alan Scheinson par K.-O. technique au Madison Square Garden Theatre à New York.

▲ **30 septembre 2023** • Cédric Doumbé entre dans l'Arena avec un matelas floqué provocateur avant d'affronter le Français Jordan Zébo, pour les play-offs du PFL Europe 2023.

▲ **30 septembre 2023** • À la suite de son combat qui aura duré 9 secondes face à Jordan Zébo, Cédric Doumbé fête sa victoire avec son beau-père.

▲ **28 septembre 2023** • Durant une conférence de presse avant le PFL Europe 2023.

▲ **6 mars 2024** • Pesée et conférence de presse avant son combat face à Baïssangour Chamsoudinov, surnommé « Baki », à Paris.

▲ **7 mars 2024** • Doumbé et son protège-dents gravé « Doumbé ambulance ».

▲ **7 mars 2024** • Doumbé (en gants rouges) affronte le Français Baïssangour Chamsoudinov (en gants bleus) lors du PFL Europe Paris à l'Accor Arena.

▲ **17 mai 2024** • Avant d'affronter Jaleel Willis à l'Accor Arena, Doumbé passe l'aspirateur sur la scène, en référence à sa mésaventure face à Chamsoudinov, où une écharde l'avait empêché de continuer le combat.

▲ **17 mai 2024** • Cédric Doumbé lors de son combat contre l'Américain Jaleel Willis à Paris, durant les Bellator Champions Series 2024, un combat qu'il remporte par K.-O. technique au premier round.

des journalistes qu'ils se foutaient de moi. Même parmi le staff du Glory, Sébastien, il rigolait quand je lui disais que j'allais le battre. Ils m'ont considéré comme de la chair à canon, ils se sont dit qu'il allait me battre et que ça allait faire du beau spectacle.

10 décembre 2016, Allemagne, Oberhausen, Doumbé contre Holzken. Je me souviendrai toute ma vie de cette affiche, de ce combat, de ce jour-là. C'est le seul combat de ma vie pour lequel, avant d'aller à l'Arena, j'ai pensé : « Je ne suis pas sûr de gagner. » Ma mère voyait dans mes yeux que j'étais différent. Mais après, une fois dans le combat, tu te dis : « C'est bon, il faut que je gagne. » Quand je suis arrivé, je me suis fait huer par les supporters de Nieky parce que la salle était clairement à son avantage au début. Mais dans les gradins, il n'y avait que des Marocains, pour soutenir Badr Hari, et des Hollandais, pour Rico Verhoeven. Or, Holzken est aussi néerlandais… Et mon combat se déroulait juste avant le Hari-Verhoeren. Le royaume du Maroc avait acheté les droits pour diffuser Badr Hari au pays, donc tous les Marocains étaient postés devant leur écran en attendant. Devant leur télé ou dans la salle, ils se disaient que ça allait passer vite. Et là, ils voient le petit Renoi d'Angoulême faire un festival, et ils se disent : « Mais attends, il faut l'encourager, lui ! C'est un Renoi, un Africain, comme nous ! » J'ai tout ce public qui commence à être avec moi, je suis rentré dans leur cœur et après le *fight* mon compte Instagram a explosé.

Le combat, je m'en souviendrai également toute ma vie. Premier round, un peu serré, mais je l'emporte, deuxième round, je m'envole, je commence à m'amuser, troisième, quatrième round, cinquième round… Et je gagne aux points. Pas à l'unanimité, ce qui est bizarre en vérité, mais je gagne tout de même. À la fin du combat, je suis confiant, mais au moment de la décision j'ai un doute, lorsque le décompte des résultats de chaque juge est annoncé. Je regarde mon coin et là… « Et nouveau champion ! » Premier Français champion du Glory, et le seul encore aujourd'hui ; premier à battre Nieky Holzken au Glory ; et puis première ceinture, première fois champion du monde. Ce sont des sensations incroyables. C'était la meilleure nuit de ma vie. On a mangé un McDo à l'hôtel avec ma mère et mes potes. C'est mon plus beau souvenir en boxe, parce que je reviens de loin. Le Graal, le Graal… Je me souviendrai toujours de cette phrase d'Arnaud Romera, journaliste spécialisé dans les sports de combat et premier président de la nouvelle Ligue de boxe professionnelle deux ans après, qui dit à l'antenne : « Cédric Doumbé a déjoué tous les pronostics. À 24 ans, il est bel et bien le meilleur kickboxeur de sa catégorie. » C'est la consécration. Pendant des années, je dis que je suis le meilleur, on me dit : « Non, t'as battu personne, t'es qui ? » Et là le journaliste sportif le plus réputé dans ce sport qui dit que je suis le meilleur. J'avais tout gagné… Ma ceinture, je la regardais tous les jours, et depuis j'en ai sept à la maison.

Marche avant

Plus tard, j'ai défendu mon titre contre Yoann Kongolo, à Bruxelles en mars 2017. Et je l'ai battu, aux points. Je défends également mon titre en juin 2017 contre Nieky Holzken, qui essaie de récupérer la ceinture, à Bercy, mais je gagne une nouvelle fois sur décision. Je la perds ensuite contre Murthel Groenhart, le vol en août 2017 dont j'ai déjà parlé, puis je remporte tous mes combats ou presque d'après, par K.-O. Mais parmi les six autres ceintures, une me tient plus à cœur que les autres. C'est celle obtenue lors du Glory 66, encore à Paris, en juin 2019. Un an avant, je perds au Glory contre Alim Nabiyev, qui battait tout le monde à cette époque. C'est l'une de mes trois seules défaites sur ma quinzaine de *fights* dans cette organisation. J'avais saboté ce combat, je n'avais pas pris de nutritionniste. J'avais fait une diète catastrophique. Logiquement, après le premier round, je n'avais plus de jus, et même dans les vestiaires quand je m'échauffais je n'étais déjà pas bien en réalité. Je perds aux points. Je suis dégoûté parce que c'est de ma faute.

L'échec fait partie de la vie, mais il faut être préparé à l'affronter afin de ne pas tout abandonner lorsque cela arrive. Et la meilleure manière de s'y préparer, ce n'est pas de le nier, mais de se préparer à cela en ayant de l'humilité en son for intérieur, en privé, avec les siens. Sinon, c'est trop difficile de se relever. Mais il ne faut pas se contenter d'accepter l'échec, il faut aussi le détester. Et au-delà de l'échec, il faut comprendre que l'on va subir des épreuves tout au long de la vie, des épreuves qu'il faut préparer en réfléchissant sur soi-même mais aussi en regardant comment d'autres les ont subies, pour s'inspirer de la manière dont ils les ont surmontées. Pour moi, ce sont par exemple les vies de Mohamed Ali ou de Mike Tyson, dont les biographies m'ont beaucoup appris. Sans les échecs et épreuves qui me sont arrivés dans le registre du sport, des défaites qui peut-être à mes yeux n'en sont pas, mais qui m'ont malgré tout fait mal sur le coup, je n'aurais pas obtenu certaines victoires expéditives ou incontestables. Car ces échecs et les réflexions que j'ai menées pour les comprendre m'ont forcé à mettre toutes les chances de mon côté pour remporter la victoire par la suite.

Je reprends ma ceinture en mars 2019 contre Harut Grigorian grâce à un TKO au deuxième round, à Strasbourg. Vient alors la revanche contre Alim Nabiyev, trois mois plus tard. Cette revanche, elle avait un goût incroyable à mes yeux. Nutritionniste, diète, tout au point, millimétré, j'arrive à aiguiser mes préparations physiques. C'est le combat pour lequel j'étais le plus prêt de toute ma vie, pour lequel ma préparation était la plus parfaite. J'étais au poids deux jours avant. J'ai dit sur les réseaux sociaux, à la presse, à *Tout le sport*, à France 2 : « Écoutez, je vais le mettre K.-O. au deuxième round. C'est une revanche, je me connais. Premier round, j'observe. Deuxième round, je suis en forme... » Le deuxième round, c'est d'ailleurs toujours celui où je suis le mieux.

Beaucoup de personnes négligent la partie mentale dans la préparation d'un combat, un temps qui dure en moyenne deux mois, voire deux mois et demi. Et quand je parle de « personnes », je parle du public – et ça, c'est compréhensible –, mais également de certains combattants. Pour ces derniers, c'est un peu plus problématique. Car toutes mes facéties ne sont pas seulement là pour divertir, cela me permet d'aborder le *fight* de la meilleure des manières. Je visualise certaines choses qui pourraient se dérouler sur le ring ou dans la cage, souvent involontairement. Des flashs du combat par exemple, mais dans ces moments-là, il faut essayer de se calmer pour ne pas perdre ses moyens, ne pas se laisser submerger par toutes ces pensées.

Une bonne préparation mentale permet d'encaisser tous les entraînements, leur dureté, la façon dont cela nous pousse physiquement dans nos retranchements à tel point que cela pourrait nous donner envie d'abandonner. Mais lorsqu'on est bien préparé mentalement, dans la tête, on réalise l'importance de cette souffrance physique dans la salle ou dehors, quand on doit courir pour se mettre au bon poids, et on parvient à faire ces surplus d'efforts. C'est ce qui permet d'accomplir ce qui doit être accompli si je souhaite maximiser mes chances de remporter mon duel : la diète, les entraînements, toutes les consignes doivent être respectées. Finalement, une bonne préparation mentale permet surtout d'être prêt le jour du combat et d'être au maximum de ce que l'on peut être. Et aussi d'évacuer le stress en éloignant tous les doutes possibles. Car pourquoi douter si j'ai fait tout ce que j'avais à faire ?

Je n'avais qu'une seule tactique, c'était « marche avant », il n'y avait pas de chichis.

On fait le combat contre Alim Nabiyev. Champion, ceinture, défense de titre, le Zénith de Paris, Main Event, mes amis et ma famille sont là. Premier round, observation. Je n'avais rien à repérer en fait, je n'avais qu'une seule tactique, c'était « marche avant », il n'y avait pas de chichis. Marche avant, quoi qu'il fasse, en restant concentré. Plus aucune danse, plus aucun sourire. Dans ce round, il me met trois ou quatre coups derrière la tête, il se mange un avertissement, le public le hue, mais moi je reste dans mon combat, concentré. Deuxième round. Je le touche, encore et encore, et à un moment je vois qu'il danse, il me nargue mais cela ne marche pas, je reste toujours concentré. Et au bout d'un moment, je le touche avec un uppercut, il titube, puis il me met un coup de genou et là : « Zbah ! », je lui envoie une droite en contre, et il tombe par terre. J'ai l'impression que le Zénith va se fracasser. Il se relève, il est compté, l'arbitre le renvoie au charbon, et gauche, gauche et là encore : « Zbah ! », une droite, il tombe, plus de lumière, dodo. K.-O., au deuxième round. C'est une sensation incroyable, c'est l'un de mes meilleurs combats, et ce que je dis, je le fais.

Après ce *fight*, cela n'a été que des défenses de titres, et mes quatre dernières ceintures, contre Harut Grigorian, Alim Nabiyev, Karim Ghajji et Murthel Groenhart, cela s'est terminé à chaque fois par un K.-O. Ma fin au Glory, c'est le dernier combat avec Murthel. C'était la belle. Il était champion intérimaire, moi j'étais champion. On fait une interview face à face, de mémoire, je dis devant les caméras : « Je vais le mettre K.-O. au deuxième round. Ce qui est marrant, c'est que là, il ne sait pas, il ne s'en rend pas compte, il croit que je parle pour parler. Mais ce qui est drôle aussi, c'est que là, je vous le dis, on est quelques semaines avant le combat, eh ben quand je vais le mettre K.-O., vous repasserez ces images et vous verrez que j'avais dit que je le mettrais K.-O. au deuxième round. » On avait aussi tourné une vidéo dans une église, avec une scène digne d'un film hollywoodien.

Je vais dans l'église, je dis : « Pardon mon père, j'ai péché.
— Qu'est-ce que tu as fait ?
— Ce n'est pas pour un truc que j'ai fait, mais que je vais faire.
— Qu'est-ce que tu vas faire ?
— Ben déjà, avant, j'ai cassé des mâchoires, j'ai battu des gens, j'ai défoncé des gars, je ne suis pas fier de tout ce que j'ai fait avant. Et là, il y a un mec qui s'appelle Murthel Groenhart, je vais le mettre K.-O., je vais le défoncer. Et franchement, je m'en veux, je voudrais me confesser en avance.
— Mais pourquoi ? me demande le curé.
— C'est un mec qui veut m'affronter, mais je vais lui montrer que je suis meilleur que lui, seulement il ne le comprend pas. Je l'ai prévenu, je lui ai dit de ne pas le faire, mais là il ne comprend pas, donc je suis obligé de l'éteindre. Les mecs,

je les mets K.-O., c'est plus fort que moi, gauche, droite, les mecs tombent.
— T'as essayé de moins t'entraîner pour leur donner un peu de chance ? m'interroge le prêtre.
— J'essaye, mais c'est plus fort que moi, même comme ça, les mecs, je les défonce. Et le prochain, il s'appelle Murthel Groenhart, un mec qui fait le *bad boy*, mais il est gentil en fait. Je vais le mettre K.-O. au deuxième round. Et au moins je vais lui laisser deux rounds pour s'exprimer.
— Bon, j'espère que Dieu va t'aider un peu », conclut le père.
Lors du combat, je l'ai mis K.-O. au deuxième round. Même le Glory a kiffé cette vidéo, je me rappelle qu'ils l'ont partagée alors qu'elle était dure envers mon adversaire.

Cela me permet de parler de quelqu'un qui est devenu important dans ma carrière. David Foucher. Je le rencontre en 2018, quand il dirige la communication de la marque Venum, chez qui j'étais. Lui s'en va de chez eux, et moi je m'en sépare aussi parce qu'ils ne voulaient pas m'augmenter. David et moi, on se reparle un peu après, il me propose de faire du contenu pour moi parce qu'il voit le potentiel que j'ai, puis pour démarcher des sponsors. On continue de travailler de plus en plus ensemble, puis à partir d'un moment, dès que j'avais un sujet, je disais : « Voyez avec mon manager David », même si à la base il ne l'était pas vraiment. Aujourd'hui, c'est le manager, le conseiller, il est toujours là, il fait entièrement partie de mon décor. C'est lui qui gère avec les managers américains pour les combats, avec le PFL. Il n'essaie pas de me canaliser parce qu'il sait que ce n'est pas possible, mais je l'écoute quand même, j'écoute ses conseils. Il sait juste qu'à la fin, c'est moi qui décide.

CHAPITRE 3

DANS L'OCTOGONE

Du kickboxing au MMA

Vers la fin des années 2010, je commençais à avoir fait le tour en kickboxing. J'avais battu tout le monde, il n'y avait plus vraiment de combattant excitant, un gars qui pouvait potentiellement me poser problème. Je m'ennuyais un peu. Financièrement, je ne m'attendais pas à dépasser des sommets. Au Glory, cela pouvait aller pour moi jusqu'à 200 000 ou 300 000 €, grand maximum. En kickboxing, je ne pouvais donc pas devenir millionnaire, par exemple. Et ce n'est pas une question de Glory ou pas : au NFC ou en ONE Championship, en Asie, cela n'aurait rien changé. Mais cet argument est presque secondaire, c'est surtout au niveau des adversaires que je tournais vraiment en rond. Ça y est, j'avais battu tous ceux que je voulais battre, j'avais prouvé à tout le monde qui j'étais dans cette discipline.

Je prouverai que je suis le meilleur combattant, pas seulement le meilleur kickboxeur.

En parallèle de toute cette réflexion, je voyais l'engouement monter autour du MMA. Je savais que j'avais des facilités en tant que combattant, pas uniquement en tant que kickboxeur. Je savais aussi que j'apprenais extrêmement vite. Je me suis alors dit que le MMA, en réalité, cela allait être facile pour moi. D'ailleurs, cette discipline n'était pas vraiment compliquée à mes yeux.

Et donc, au bout de ce cheminement, je me suis dit : « Vas-y, je veux y aller, je vais faire mon chemin et je serai champion du monde. Et je prouverai que je suis le meilleur combattant, pas seulement le meilleur kickboxeur. »

Un peu comme ce qu'Alex Pereira a fait. Il était au Glory, a été champion comme moi dans sa catégorie, a défendu plein de fois sa ceinture comme moi, il a été champion incontesté. Personne ne pouvait discuter avec lui au Glory, tout comme personne ne pouvait discuter dans cette organisation avec moi. Et puis il a décidé d'aller vers le MMA à un moment. Comme moi.

Sauf que mon aventure avec l'UFC a été compliquée. D'un point de vue financier, déjà, leur proposition était loin de ce que j'exigeais. Ils me proposaient deux *fights* à 20 000 € chacun. Même si la plupart des personnes qui entrent dans cette organisation signent pour deux fois 10 000 €, je pouvais combattre au Glory pour 100 000 €. Et même prendre la même somme à six chiffres au MMA GP, en comptant les sponsors. Donc je devrais me rabaisser et accepter un contrat aussi bas ? L'UFC me dit certes que s'ils ne me proposent pas le contrat classique à 10 000 €, c'est parce que je suis déjà champion du Glory. Mais cela ne change rien, je ne veux pas entendre parler de cette proposition. Alex Pereira l'avait acceptée, oui. Est-ce qu'il a eu raison ? Est-ce qu'il a eu tort ? L'histoire nous montre qu'il a bien fait… Mais ce n'est finalement pas une question de : « Est-ce qu'il a bien fait ou non ? » Il s'est rabaissé en acceptant une proposition financière qui était très loin de son immense talent et de ce qu'il avait déjà accompli. Aujourd'hui, il prend beaucoup plus d'argent à l'UFC, c'est vrai, mais il s'est quand même rabaissé à un certain moment pour aboutir à sa situation actuelle. On pourrait alors me dire : « Tu aurais dû toi aussi te rabaisser, gagner tes combats et, comme Alex

Pereira, tu t'y serais retrouvé finalement. » Si je m'étais blessé juste après le premier combat par exemple, au lieu d'accepter un contrat dont le montant représente le combattant que je suis, je me serais rabaissé pour rien et j'aurais perdu beaucoup d'argent. Mais même si tu me montres l'avenir, que tu me dis que je prendrai dix millions d'euros, si je n'ai pas envie de me rabaisser à ce moment-là, je ne me rabaisserai pas. C'est une question de choix. C'est propre à chacun. Et aujourd'hui je n'ai pas de regrets.

L'IRM de la discorde

Il y a aussi eu des sujets médicaux. En 2022, avant de partir en Irlande pour accélérer ma transition vers le MMA, je fais plusieurs examens médicaux, notamment une IRM. Je vais dans un hôpital francilien dans lequel j'ai confiance, juste avant de partir, un peu dans le rush. Un infirmier de garde me fait faire l'IRM, il me dit qu'il m'enverra les résultats par mail. Et alors que je m'entraîne en Irlande, des discussions ont lieu entre ma team et l'UFC. Des discussions sur le contrat que je pourrais signer, l'adversaire, et des détails. Parmi ces détails figurent les examens médicaux de routine. J'avais reçu les résultats de l'IRM, je les ai transférés à mon équipe sans les regarder, qui les a à son tour transférés sans les regarder à l'UFC. On est certains qu'il s'agit juste d'une formalité. Mais on m'appelle pour me dire que l'UFC refuse de prendre le moindre risque avec moi. Et de me signer. Je ne comprends

Mais on m'appelle pour me dire que l'UFC refuse de prendre le moindre risque avec moi. Et de me signer.

rien, je regarde l'IRM, et en effet, il est écrit qu'il y a un épanchement sanguin dans ma tête, quelque chose de grave et dangereux. Si cela avait été vrai, je les aurais compris : aucune organisation ne peut accepter que je combatte avec une potentielle hémorragie cérébrale. Mais très vite, je me suis interrogé. Il y a dix ans, j'avais certes pris un coup sur la tête, un coup qui n'avait rien à voir avec la boxe, un accident du quotidien. J'étais allé faire une IRM et on m'avait uniquement diagnostiqué un traumatisme crânien léger. Le médecin m'avait alors dit qu'il n'y avait rien de grave, qu'il s'agissait de choses classiques quand on prenait un gros choc sur la tête. Et que le repos suffirait.

Entre ce choc à la tête et le diagnostic qui m'empêche d'aller à l'UFC, j'ai fait de nombreuses IRM, plein de tests médicaux et personne ne m'a jamais empêché de combattre. Donc quand je reçois cette décision et que je lis ces résultats, je ne comprends vraiment rien. Mais c'est trop tard : je suis en Irlande, c'est trop compliqué de retourner en France voir un médecin. Entre ça et un problème d'adversaire pour lequel nous ne trouvions pas d'accord à l'UFC, l'organisation a décidé de laisser tomber. J'étais vraiment écœuré sur le moment. Surtout, je ne pouvais même pas en parler publiquement avant d'avoir tout éclairci, sinon, c'était ma carrière qui était en jeu.

Je me suis alors questionné. J'ai même imaginé que c'était possible, qu'avec le temps et les combats, ce qui n'était rien au moment de ce choc survenu il y a dix ans s'était finalement développé et que cela n'avait pas été détecté. Mais il fallait en avoir le cœur net et donc faire une contre-expertise. Je fais de nouveaux tests à Paris et le médecin que je vais voir me dit que « le confrère s'est un peu précipité », que « c'est une cicatrice,

L'ŒIL DU MANAGER
DAVID FOUCHER

UFC, PFL OU BELLATOR ? ACTE I

La question de la bonne organisation MMA pour que Cédric puisse poursuivre son développement dans cette discipline et atteindre ses objectifs sportifs, financiers et de notoriété est arrivée sur la table courant 2022. On discute d'un contrat de 20 000 + 20 000, avec un début à l'UFC Paris en septembre de la même année. Et alors que les discussions avançaient très bien, qu'on avait même un adversaire, malgré des discussions avec la fédération française sur un point de règlement, il y a eu cette histoire d'examens médicaux et de mauvais diagnostic. Comme quoi il aurait été inapte, alors que c'est complètement faux. Il a eu une petite commotion quand il avait 11 ou 12 ans, qui a entraîné une petite cicatrice, qui pour tout le monde n'avait causé aucun problème. On s'est battus pendant plusieurs semaines, mais l'UFC n'a pas voulu prendre de risque, même si les contre-expertises qu'on a réalisées dans les mois qui ont suivi disaient toutes l'inverse. Et cette première possibilité de rentrer dans une grande organisation de MMA n'aboutira pas. Mais aujourd'hui, avec la notoriété qu'il a et les contre-expertises qui sont sans équivoque, je suis persuadé qu'il n'y aurait pas eu de sujet.

[qu']il y a eu une hémorragie mais [que] maintenant, c'est une cicatrice » uniquement. Je me dirige alors vers le neurologue de l'UFC, celui par qui tous leurs combattants sont passés, qui me confirme qu'il n'y a rien. Il me refait passer d'autres tests cérébraux et me balance : « Tu aurais dû venir me voir tout de suite. » Mais l'UFC n'a rien voulu entendre à ce moment-là. Le destin ne voulait pas que je signe à l'UFC, c'est comme ça que je résume cette situation ubuesque, deux ans après.

Sans regret

En parallèle de ça, le PFL nous propose beaucoup d'argent, sept fois plus que ce que l'UFC nous promettait lors des premières discussions, en prenant en compte les sponsors. Du coup, on a choisi le PFL. Après, évidemment, il y a une différence de notoriété entre les deux organisations. Mais je savais que j'allais faire la différence, peu importe l'endroit où je signais, et que ma présence permettrait de faire augmenter la renommée de l'organisation choisie. Au MMA GP, par exemple, je remplissais les salles et mes combats faisaient plus de bruit que ceux de l'UFC Paris. Parce que c'est Cédric Doumbé. Donc je savais que UFC, PFL, Bellator… je ferais parler, je ferais vendre. Et cela n'a pas manqué : mon combat contre Jordan Zébo fait se déplacer Kylian Mbappé et d'autres joueurs du PSG, d'autres mecs du foot comme Jules Koundé et des personnalités de partout (Gims, Black M, Mister V…), alors que l'UFC Paris, cela fait venir quelques rappeurs pas très connus tout au plus. Soyons honnêtes, l'UFC est pourtant beaucoup plus prestigieux actuellement à travers le monde que ne l'est le PFL, mais le plus important, c'est « qui combat ». Financièrement, ça suivait ; en termes de notoriété, ça suivait, donc je n'ai pas à me plaindre.

Aujourd'hui, je suis le combattant le plus suivi sur les réseaux sociaux en France. Je sais quel personnage je suis, je sais ce que j'apporte, je sais ce que les gens veulent, ce qui les fait rire. En résumé, je sais ce qui divertit les gens et je sais que, en termes de divertissement justement, je suis le combattant numéro un, de très loin. Les combattants français n'ont pas encore compris ce qu'était notre sport de combat, et même les sports de combat en général. Oui, il faut performer dans son espace de combat, dans son domaine respectif, mais cela reste un spectacle qu'il faut offrir. Et la plupart n'ont pas ce côté « spectacle » que j'ai.

Aujourd'hui, je suis le combattant le plus suivi sur les réseaux sociaux en France.

Après, il y a une déception. On s'imagine toujours des choses dans la vie, on a des projets en tête et finalement le destin en décide autrement. Parfois mieux, parfois moins bien. Est-ce que c'est bien ? Est-ce que c'est mauvais ? C'est le destin, c'est comme ça, on ne peut pas le juger. Le destin, on l'accepte. Champion à l'UFC Paris, c'était mon rêve. J'en parle au passé, parce que cela n'arrivera plus. Quand j'avais 22 ou 23 ans, j'avais plein d'ambitions, devenir champion de kickboxing, être le meilleur… J'ai réalisé ces ambitions-là. Aujourd'hui, je pense que j'ai réalisé mon rêve de MMA parce que j'ai prouvé que j'étais le meilleur, même si je ne suis pas champion de l'UFC, ni du PFL pour l'instant. Je pense que je l'ai prouvé, juste avec le combat de Jordan Zébo et ce qui a suivi les jours et semaines d'après, avec la notoriété en France que j'ai acquise, le fait que je sois reconnu à l'échelle nationale. Il y a une satisfaction personnelle. C'était ça mon but, c'était d'avoir cette reconnaissance et qu'on dise : « Lui, c'est vraiment le meilleur. » Maintenant, il y a des gens qui m'aiment, d'autres qui ne m'aiment pas. Cela arrivera toujours. Même si je suis champion du PFL, de l'UFC et de toutes les organisations, des gens ne m'aimeront pas.

Sportif et musulman

Je parle au passé de l'UFC aussi parce que oui, c'est ce que je voulais il y a dix ans. Mais ce n'est plus ce que je veux aujourd'hui. Il y a dix ans, je voulais combattre, combattre, combattre, être millionnaire en combattant et être connu dans le monde entier, être une star du combat, être une star du cinéma… Je suis devenu une star du combat, mais pas à l'échelle que je visais : à une époque, je souhaitais être une star interplanétaire du combat, je voulais être Mike Tyson en fait. Maintenant, ce n'est plus mon ambition. Parce que déjà, il y a dix ans, je n'étais pas musulman.

Il y a en effet une date de ma vie en dehors des rings et de la cage qui est importante à noter, déterminante pour saisir la personne que je suis devenue : octobre 2020, date à laquelle je me convertis à l'islam. Le point de départ vient d'une conversation que j'ai eue quelques mois auparavant avec ma grand-mère, qui était le modèle de religiosité dans mon entourage. Une conversation où nous avons notamment abordé la question des interdits alimentaires. Quand je lui ai demandé de m'expliquer les pratiques qu'elle suivait elle et d'autres personnes dans la famille à ce sujet, elle m'a juste répondu : « Mais on n'a toujours fait comme ça, mes parents faisaient ainsi, donc je le fais aussi. » Elle ne m'a pas dit : « Il y a écrit ça, Jésus faisait ça, Dieu a dit ça. » Je suis quelqu'un de très pragmatique, qui veut comprendre, donc je lui ai rétorqué : « Tout ce que tu m'as enseigné, c'est du pif ? Juste parce que tes parents faisaient ça, eux qui faisaient comme leurs parents et ainsi de suite ?

Et donc possiblement une erreur qui a été transmise de génération en génération ? » J'ai alors conclu que cela pouvait être possible sur d'autres sujets que l'on m'avait enseignés.

Mais ça, c'est l'élément déclencheur. J'ai continué à me documenter. Au début, je ne disais pas publiquement que je comparais les religions, parce que c'était frais, que je m'informais toujours, c'était fragile. Mais j'ai lu le Coran, j'ai écouté des débats posés, j'ai écouté mon cœur tout simplement. Et certaines révélations m'ont persuadé que j'avais fait le bon choix. Parmi celles-là, une en particulier : ce sont les Miracles du Coran. Je me suis dit que ce n'était pas possible qu'un homme les aient écrits, car tout est parfait. Quand je les ai découverts, quand j'ai compris leur puissance, cela a été un moment extraordinaire, cela a solidifié ma foi.

Lorsque je fais le choix de me convertir, j'étais un homme heureux, tout simplement. Et c'est toute ma vie qui change, le point culminant de mon existence. C'est comme si j'étais sorti de l'obscurité. Certains vont me parler des contraintes, mais c'est juste devenu un mode de vie pour moi, un mode de vie qui permet d'aller au paradis, ce qui est la chose la

MA DEUXIÈME RENCONTRE AVEC CÉDRIC

La deuxième fois que je le vois en vrai, c'est quand je le signe en tant qu'athlète Venum. Et là, il est silencieux. Le fanfaron que j'avais vu lors du combat contre Yohan Lidon avait disparu, il ne disait pas un mot et était très discret. Je lui disais trois phrases assez longues, il me répondait succinctement. Je pensais qu'il était méfiant parce que je représentais un sponsor et qu'il n'était pas connu à cette époque. En fait non, j'ai compris plus tard que sa vraie nature, c'était ça. Ce n'est pas ce qu'il est dans ses vidéos de trashtalk. Là, il joue un personnage.

plus importante. Surtout, quand je deviens musulman, je vois que tout ce qui est prescrit dans la religion m'est profitable, et tout ce qui m'est interdit l'est également. C'est important pour moi de raconter cela, non par prosélytisme, mais parce que cette conversion est essentielle pour comprendre qui je suis aujourd'hui, et comment j'ai changé de regard sur certaines choses, notamment par rapport à mon sport de combat.

L'aspect religieux est apparu et il y a le musulman qui est né, et le musulman a d'autres priorités. Le musulman de base, sa priorité, ce n'est pas d'être connu, sa priorité, ce n'est pas de faire des *fights*. Même la pratique de mon sport de combat n'est pas licite pour un musulman, parce que pour le pratiquer en compétition, je dois frapper au visage. Et ça, c'est interdit. Le corps humain fait partie de la création d'Allah et la partie la plus noble du corps humain, c'est le visage. C'est d'ailleurs pour ça que quand on prie par soumission à Allah, c'est notre visage qu'on pose par terre. Le fait de ne pas taper au visage est donc la règle, et c'est encore pire quand c'est pour de l'argent ou pour divertir. C'est ce qui fait que ce sport-là est un métier qui n'est pas licite. Donc une fois qu'on a l'aspect musulman qui entre en jeu, cela n'a plus la même saveur de pratiquer son sport, car on se dit que ce que l'on fait n'est pas bien. Pour prendre une comparaison alimentaire, si tu sais que tu es diabétique, que tu aimes les sucreries parce que c'est ton petit péché mignon, mais que, dès que tu en prends une, tu sais que ce n'est pas bien, cela n'a pas la même saveur. Tu l'auras savourée à 90 %, mais ces 10 % restants, tu sais que cela te rapproche de la sanction. Celle du diabète, c'est la mort ; celle qui existe en religion, c'est pire : c'est le châtiment.

Pratiquer mon sport n'a donc plus la même saveur qu'avant. J'aime toujours mon sport, ce n'est pas interdit de pratiquer, par exemple à l'entraînement, si tu tapes dans un sac, si t'apprends des techniques. Ce qui est interdit, c'est de pratiquer ce sport en compétition, parce que tu vas être amené à taper au visage. Sans même aller jusqu'au coup de marteau, le coup fatal dans un affrontement, celui qui détruit le visage et qui fait disparaître des neurones à celui qui le prend.

Pratiquer mon sport n'a donc plus la même saveur qu'avant.

Je suis musulman, et c'est bien d'être musulman. Mais il y a une chose qui est encore meilleure, c'est de mourir musulman. Cela va être le but de ma vie. Et comment on fait pour être sûr de mourir musulman ? Il faut vivre musulman car tu ne sais pas quand la mort va arriver. Donc quand la mort arrive, il faut qu'elle te prenne en train d'être musulman. Il n'y a pas un moment où je vais me dire : « Eh tu sais quoi ? J'en ai marre, flemme. » En revanche, est-ce qu'un jour cela va changer, est-ce que je vais de nouveau avoir la flamme pour le sport en compétition ? Je ne l'espère pas. Ce qui est vrai, c'est que la foi augmente et diminue. Un exemple simple : il y a des périodes où tu vas prier tous les jours à la mosquée, matin, midi et soir ; d'autres fois où tu vas le faire uniquement chez toi, alors que c'est une obligation de prier en groupe. Cela arrive à beaucoup de pratiquants, mais il faut trouver les ressources. Un autre exemple, encore plus fort : demain, je ne le souhaite pas, qu'Allah m'en préserve, mon fils meurt. Cela va être une épreuve très, très dure, cela va peut-être entraîner une baisse de foi à ce moment-là. Mais c'est là où il faut être dur, être fort, et garder la foi.

Pour revenir au sujet de ma pratique du sport de combat en compétition, si un musulman commet un péché et que cela ne lui fait rien, c'est que là, son cœur est complètement malade, qu'il n'arrive même plus à voir qu'il est en train de commettre un péché. Je ne pense pas que demain je pourrais pratiquer un sport illicite et que cela ne me fasse plus rien, et encore pire, que je me remotive, que je me dise que je vais être champion de telle ou telle organisation.

Tout cela, c'est une bonne chose, il faut que tout le monde me comprenne. Quelqu'un pourrait se dire : « Oh, c'est triste, il a perdu sa motivation à cause de l'islam. » Non, au contraire. Certains de mes fans, des personnes qui me soutiennent depuis le début, cela va leur faire quelque chose, je le sais bien. Mais on ne vit pas pour les autres. Quand je vais mourir, je serai seul dans ma tombe. Il n'y aura pas ma mère, il n'y aura pas ma femme, il n'y aura pas mes enfants ni mes petits-enfants. Les gens qui m'aiment ne seront pas là, les gens qui ne m'aiment pas ne seront pas là non plus. Je n'aurai pas d'argent avec moi, pas les crédits que j'aurai faits, pas les maisons que j'aurai pu acheter. Il restera une seule chose : mes actions. Qu'est-ce que j'aurai fait de bien ? Qu'est-ce que j'aurai fait de mal ? Qu'est-ce que je n'ai pas fait et qui aurait été bien ? Il ne restera que mes actions, et je serai questionné. C'est ça qui va me suivre dans ma tombe. Chaque euro, chaque centime que j'ai dépensé, je serai questionné dessus. Les gens qui seront tristes quand j'arrêterai, cela me fait de la peine parce qu'ils seront tristes, oui. Mais seule la tristesse de celui qui veut mon bien est importante. Donc si c'est un frère musulman qui comprend, qui me dit que j'ai bien fait, qui m'encourage, ça, c'est un vrai frère. Demain, un frère qui me dit : « Ouais non, t'as vu, t'étais bon quand même, vas-y, n'arrête pas maintenant », ce n'est pas un frère qui me veut du bien. Mais demain, je serai seul dans ma tombe, et ces gens-là n'y seront pas, c'est moi seul qui serai questionné sur ce que j'ai fait de bien ou de mal. C'est ça qui compte pour moi.

Maintenant, cela demande une force de foi, parce que, évidemment, c'est dur. Demain, on te donne par exemple un talent de barman. En tant que musulman, c'est interdit de consommer de l'alcool, de vendre de l'alcool, d'aider à la consommation d'alcool. Mais tu es le meilleur, il n'y a que toi, tu reçois un appel en provenance des États-Unis pour te dire : « Écoute, on te propose 100 000 € par mois pour être barman, c'est un milliardaire, il a de l'argent illimité et il ne veut que toi. » C'est dur de refuser, c'est une épreuve en fait. Parfois Dieu aménage toutes les causes pour la désobéissance, pour te tester. Un autre exemple, tu es beau gosse, intelligent, drôle, intéressant et les femmes viennent à toi. Et la fornication est interdite. C'est difficile, et ça l'est évidemment plus que pour un mec qui n'est pas beau et vers qui aucune femme ne vient. Là, les causes de la désobéissance ne sont pas réunies, il faudrait vraiment qu'il aille chercher. Et c'est pareil pour le sport, quand tu as un vrai talent. Le mec qui est nul, qui se fait défoncer à chaque combat par K.-O., il dit : « J'arrête pour la religion. » Mais frère ! En même temps, même sans religion tu aurais arrêté quand même parce que tu es nul ! Alors que le mec qui est talentueux, qui fait un combat, un K.-O, un combat, un K.-O, boum ! En fait, moi en quelque sorte. S'il dit qu'il arrête pour la religion, là, cela aura été une plus grande épreuve surmontée.

Aujourd'hui et demain

Je n'ai plus cette saveur pour mon sport. Après, je prends toujours du plaisir, mais ce n'est plus pareil. Quand je tape mon adversaire au visage, cela ne me fait pas mal au cœur, parce qu'en soi, si je ne le tape pas au visage, c'est lui qui va le faire. Ce qui me fait mal au cœur, c'est de commettre un péché. Quand je mets Jordan Zébo K.-O, il tombe et je lui mets trois coups de marteau qui sont inutiles. Ils sont utiles pour que l'arbitre arrête, mais inutiles pour lui parce qu'il est déjà K.-O, et là, cela me fait mal au cœur. Sur le coup, il faut que j'y aille, car s'il se relève, il peut reprendre ses esprits. Mais en regardant les images par la suite, oui, cela m'a fait de la peine. Déjà, j'aurais aimé qu'il ne se les prenne pas, car c'est humain. Mais ce qui me fait encore plus mal au cœur, c'est que je gagne le combat de cette manière, on me fait des éloges, je suis content, je suis une star. Mais au fond de moi, je sais que ce n'est pas bon ce que j'ai fait, c'est un péché, c'est naze.

Mon goût, mon approche du sport ont changé. Même mon manager David l'a vu. Aujourd'hui, le but, c'est d'être champion du PFL, de battre les adversaires qu'il y a à battre, de faire la revanche contre Baki et de montrer que je suis meilleur. Mais si tout cela ne doit pas arriver, parce que j'ai une grave blessure par exemple, je ne serai pas déçu parce que j'ai prouvé que j'étais le meilleur combattant, le meilleur kickboxeur, j'ai déjà fait ma carrière sportive. Et puisque, en tant que musulman, c'est une mauvaise chose de faire ce que je fais, si demain cela s'arrête, cela ne sera pas grave.

À la base, je ne rêvais pas d'être combattant, je voulais être acteur.

À la base, je ne rêvais pas d'être combattant, je voulais être acteur, humoriste, comédien, depuis tout petit. Cela permet de relativiser un arrêt de carrière également, notamment parce

L'ŒIL DU MANAGER
DAVID FOUCHER

COMMENT AVOIR L'OREILLE DE CÉDRIC ?

Je m'en vais de chez Venum en 2019. En juin, Cédric combat pour conserver sa ceinture au Glory contre Alim Nabiyev, une revanche après sa défaite à la décision un an plus tôt. Là, au Zénith, il le met K.-O. au deuxième round. Les mecs combattent le vendredi ou le samedi, donc ce que je fais à chaque fois, c'est que j'attends toujours le mercredi pour les féliciter ou leur écrire. Le pic d'adrénaline est redescendu et les médias sont passés à autre chose. J'envoie un message à Cédric et je lui dis : « T'as déconné, tu aurais pu le coucher au premier round. » Et il me répond : « C'est le message que j'attendais. » Il ne voulait pas de énièmes félicitations mais un regard un peu critique. Moi, je le faisais en rigolant parce que je n'ai aucune compétence en termes de coaching, mais cela a créé un déclic entre nous deux. Il m'a demandé ce que je pensais de son renouvellement de contrat chez Venum, je lui ai dit qu'il méritait mieux et lui ai envoyé quelques contacts. J'ai commencé à découvrir un mec très sympathique, attachant, à l'opposé de l'image médiatique qu'il se donnait. Et aussi qu'il gérait tout tout seul, de sa com' à sa comptabilité. Je l'ai finalement aidé pour un sponsor, puis un deuxième, après sur la com', en mettant plus de moyens, les aspects relations publiques, ainsi que la sortie du milieu exclusif du kickboxing, et petit à petit on a crapahuté ensemble.

que je suis en train de lancer ma carrière d'acteur. Ce serait juste dommage, j'aurais une petite déception. Je suis nostalgique quand je repense aux années 2016, 2017, je ne vivais que pour le sport, et tout ça, c'est derrière moi. Le temps passe trop vite. Il y aura ce petit regret-là mais c'est vraiment très minime. En revanche, je n'en aurai pas vraiment si je ne suis pas champion de quoi que ce soit parce que j'ai déjà prouvé que j'étais un athlète hors pair. J'ai déjà rendu ma famille fière et je me suis rendu fier moi-même. Je suis parti de rien du tout, je m'entraînais tout seul, parfois sous la neige. Toute ma carrière, j'ai d'ailleurs été à peu près tout seul, surtout quand je m'entraînais. Je n'ai jamais vraiment été entouré d'une team, avec un coach qui aurait été un mentor. Et en étant aussi seul, j'ai réussi à faire ce que j'ai fait. C'est ma satisfaction personnelle. Or ce qui compte vraiment, c'est la satisfaction personnelle.

L'entrée dans la cage

Pour revenir à mon passage du kickboxing au MMA, la raison pour laquelle j'ai fait ma transition, c'était que j'avais une très grande motivation et que je n'étais pas musulman à cette époque-là. Je voulais tout casser, être le meilleur combattant de MMA, je voulais être comme Conor McGregor. Dans ma transition, l'Irlandais a d'ailleurs été un gros facteur. Je me suis dit que s'il arrivait à faire tout ça dans une cage, moi aussi je pouvais le réaliser. Et son personnage, son trashtalk, moi aussi je pouvais le faire, et mieux parce que moi, je n'insulte pas. En plus, le MMA n'était pas encore connu ni démocratisé en France. Et moi, je voulais être le pionnier, le précurseur. Surtout, dans notre pays, les

Je voulais être le pionnier, le précurseur.

grandes gueules ne plaisent pas. Et j'aime bien quand je ne suis pas attendu.

Lorsque je suis passé au MMA, je me suis dit qu'il fallait absolument que je m'entraîne intensément au sol. Au début, je voulais aller au Daghestan, chez les Tchétchènes ou aux États-Unis, parce qu'il y a vraiment une très bonne lutte là-bas aussi. Il fallait que j'aille dans les pays où vivent et s'exercent les meilleurs lutteurs afin de devenir un monstre en lutte. Je m'entraînais comme pour être un champion de lutte. Mais dans un premier temps, je suis allé voir Mehdi Otmane, au KFBC de Clichy. Je lui ai dit : « Entraîne-moi comme si demain je devais être champion de lutte. » Il était surpris parce qu'il se disait que j'étais un fou. Je ne venais pas juste pour faire quelques défenses de lutte, apprendre à rester debout, à ne pas aller au sol… Non, le mec veut vraiment être bon au sol. Je suis un passionné aussi. Je ne suis pas juste là pour gagner les compétitions. J'aime beaucoup le MMA et ce qui l'entoure, avec le grappling, le ju-jitsu. Et j'aime vraiment apprendre des techniques et être bon dans ce domaine. Par passion pour le sport. Mehdi est surpris, mais il kiffe aussi.

Je suis allé m'entraîner deux fois aux États-Unis, à San José, en Californie, entre 2018 et 2019. Notamment pour me former dans la team AKA de Khabib Nurmagomedov. Je voyais Khabib s'entraîner, et on s'est un peu exercés ensemble aussi, mais c'était rapide. On s'est chambrés aussi. Je lui ai dit : « Moi, tu ne m'emmènes pas au sol. » Il a pris ma jambe et m'a répondu : « Toi, t'es léger mon pote, c'est facile pour moi ! » Et je lui ai répondu : « Je suis le meilleur striker du monde, je bouge trop vite, tu ne peux pas. » On n'a pas combattu, mais quand je le voyais faire avec les gars qu'il affrontait dans la salle, comment il arrivait à les mettre au sol dans certaines positions… C'est un monstre. Je m'entraînais là-bas avec Javier Mendez, le coach de Khabib. Quand j'ai signé au PFL, il avait eu des mots sympas sur moi : « Il y a un combattant que je connais, qui s'entraînait à ma salle, c'est Cédric Doumbé, c'est un tueur ! Ce gars est une machine de démolition. C'est un poids welter et c'est l'un des meilleurs champions de l'histoire du Glory. Pour tous les gens qui vont l'affronter, faites attention à vous, il n'est pas très grand, mais il est vraiment fort, son physique me rappelle celui de Mike Tyson. Il est puissant et très confiant. Le PFL a réalisé une très bonne signature. » Et c'est certain que cela fait plaisir quand on voit qui il est. J'y ai aussi croisé Daniel Cormier, la légende du MMA, beaucoup de combattants de l'UFC, du Bellator, avec qui je m'entraînais. J'apprends, je me fais des amis, je kiffe l'aventure. Ce sont des voyages assez incroyables que j'ajoute à tous ceux que j'ai réalisés pour des combats, mais aussi d'autres voyages moins connus, comme lorsque je suis allé chez les frères Pinto en Thaïlande.

Tout ça, il faut imaginer que je le fais quand je suis encore au Glory. Mais le point de bascule technique dans ma nouvelle discipline, là où j'ai vraiment compris ce que c'était que le MMA, c'est quand je suis allé au SBG Ireland, lorsque j'ai fait ma véritable première préparation dans ce sport. J'étais notamment avec John Kavanagh, le coach de Conor McGregor. Cette prépa intervient après mon premier combat MMA à Dubaï contre Arbi Emiev. Avant ce *fight*, je ne m'étais pas entraîné à l'arrache, parce que je suis un professionnel, mais je ne m'étais pas concentré sur une approche MMA. Plutôt des choses en kickboxing avec un peu de sol avec

Mehdi à Clichy. Je me disais que cela allait suffire, grâce à mon niveau en striking. Or, quand j'arrive en Irlande pour préparer mon entrée en MMA GP contre Phruethikorn Chaichongcharoen, alias « Title Chai », en juillet 2022, là, je comprends que cette discipline, c'est hyper-dur. Je me rappelle des courbatures, j'étais dans un dortoir, dans un lit superposé, une chambre de six, douche commune, cuisine commune… Je suis alors un champion de kickboxing, mais je rétrograde et retourne dans ces conditions-là. Je reviens à l'école, à la base. Moi, cela me plaît parce que j'aime beaucoup apprendre et comme je sais que j'assimile vite, cela me dérange encore moins. J'aime l'apprentissage, apprendre tous les jours de nouvelles choses. Quand tu t'instruis, tu grandis, tu deviens plus puissant intellectuellement, et le savoir, c'est une arme. Même plus qu'une arme, c'est une richesse. Et qui n'aime pas être riche ? Car il y a les connaissances intellectuelles, mais aussi les connaissances physiques, qui sont magnifiques. Donc finalement, cela ne me dérange pas de revenir au plus bas, de mettre ma « ceinture blanche » en quelque sorte, et d'apprendre.

Au début, au SBG, c'était très compliqué. Encore aujourd'hui, si j'y retourne, on va de nouveau me mettre la misère parce que c'est du très haut niveau. Mais déjà, je ferais mieux. Quand j'ai commencé, en revanche, en termes de courbatures, c'était incroyable. Quand tu t'entraînes là-bas, tu n'affrontes que des mecs qui ne sont jamais fatigués, qui mangent du MMA matin, midi et soir. Et moi, j'arrive dans la salle, au milieu de tout ça. Debout je suis bien, mais dès que j'ai les fesses par terre, cela devient compliqué face à eux. Et surtout, à la fin de l'entraînement, je suis épuisé, il faut que j'aille dormir alors qu'eux, ils sont : « Ouais, normal, c'est la fin de l'entraînement, on enchaîne ce soir. » Je me suis même dit : « Ouah ! Est-ce que je vais y arriver ? » C'est le premier endroit et le premier moment de toute ma carrière où j'ai vraiment eu des doutes. Je dis depuis le début que j'ai commencé à combattre : « Je suis le meilleur. » Mais là, cela a vraiment été compliqué.

J'ai pourtant l'habitude que tout soit facile pour moi. En kickboxing, tu me mets contre n'importe qui, je sais que je vais y arriver, même si c'est difficile une fois de temps en temps contre l'un des meilleurs, je sais que je vais gagner à la fin. Alors qu'à ce moment-là, en MMA, on m'aurait dit : « Je te mets n'importe qui, c'est bon ? », j'aurais répondu que c'était difficile, parce qu'il y a un gros écart, tout simplement. Si tu m'avais mis un lutteur, un Khabib par exemple, cela aurait été très compliqué. Là, aujourd'hui, contre lui ou Chimaev Khamzat, cela serait toujours très compliqué parce que ce sont de grands lutteurs, mais je sais en revanche que je peux gagner. Et pour que je sache que je vais gagner, il faut que ma stratégie soit au point. Il y a un écart considérable dans nos disciplines respectives, pas seulement moi dans la lutte mais aussi dans le striking, cette fois-ci, évidemment, à mon avantage. Tout est alors question de stratégie.

C'est ça, le MMA

Je me replonge dans mes premiers combats en MMA. Le premier, c'était contre Arbi Emiev. Comme je l'ai expliqué, c'était un peu freestyle, avec un entraînement kickboxing, avec en plus quelques coups de coude, du sprawl, mais ce n'était pas un entraînement spécifique. Cet adversaire est un Tchétchène mais contrairement à nombre de combattants venus du Caucase, ce n'était clairement pas un tueur en MMA.

C'est un kickboxeur, qui a combattu au Glory plusieurs fois. En revanche, ce n'était même pas un kickboxeur de fou, et donc dans cette discipline il n'était pas à mon niveau. Après, il avait plus d'expérience que moi en MMA, mais je savais qu'il n'y aurait pas de souci, parce que cette différence ne suffirait pas. L'environnement du combat était par ailleurs assez drôle, parce que c'était à Dubaï, aussi parce que j'avais pris beaucoup d'argent, pour le débutant que j'étais en MMA. L'organisateur du *fight* était Eduard Irimia, le patron de la ligue roumaine de kickboxing SuperKombat. Un grand promoteur dans le milieu, il organisait des bêtes de soirées en Roumanie. Et il a monté ce combat en MMA à Dubaï, pour moi. C'est grâce à mon ami Abdelah, un matchmaker connu dans le monde entier. Il avait déjà travaillé avec Eduard Irimia.

Le combat est drôle également parce que je me souviens des premiers échanges, lorsque l'adversaire veut m'amener au sol, je sprawl, puis je regarde à gauche, à droite. Je ne sais plus quoi faire ! Je regarde Abdelah, je regarde mon coin et je rigole parce que je me dis : « Ah ouais, c'est ça le MMA. » C'était nouveau pour moi, de me retrouver au sol dans un ring, mais que l'arbitre n'arrête pas le combat. Même les petits gants, les rounds de cinq minutes, cela change l'approche de l'affrontement. Tout était différent. C'était aussi ma première fois à Dubaï et j'ai apprécié l'expérience. J'avais déjà envie de visiter cette ville, et c'était un beau voyage, l'hôtel était magnifique. J'étais aussi avec des gens que j'aime, avec mes amis Bilal et Abdelah. On s'est tapé des barres pendant tout le voyage, j'ai combattu, j'ai gagné... Cela m'a fait des souvenirs qui resteront gravés. Et c'est aussi à la suite de ce combat que ma popularité a augmenté de fou en France. Notamment parce que c'est la première fois que je prends le micro et que je dis :

« Eh ! Je vous avais dit quoi ! Y a personne qui peut me test, poto. K.-O. au premier round, on n'en parle plus. Téma, depuis tout à l'heure il me regarde miskine. » Cette tirade n'était pas vraiment préparée, c'est de l'impro destinée aux haters qui disaient que je serais nul en MMA. Et la vidéo va tourner à fond sur les réseaux sociaux. Les gens se sont dit : « Mais c'est un malade mental. » Et ça a explosé. À tel point que lors de Roland-Garros 2024, le Français Corentin Moutet a prononcé le début de ma phrase en interview d'après-combat plusieurs fois.

« Eh ! Je vous avais dit quoi ! Y a personne qui peut me test, poto. K.-O. au premier round, on n'en parle plus. Téma, depuis tout à l'heure il me regarde miskine. »

Je vais dire quelques mots sur deux proches qui sont très importants pour moi, pour ma vie, pour ma boxe : Bilal et Abdelah. Je connais le premier depuis la classe de 1re au lycée. Il est parti d'Angoulême vers Paris un an avant moi, avant qu'on s'y retrouve de nouveau. Et on ne s'est plus jamais séparés, encore plus qu'à Angoulême. Il est toujours là quand j'ai besoin de lui. C'est comme un bras droit – enfin un bras gauche pour moi. Abdelah, je l'ai connu bien après Bilal. Ma rencontre avec lui est d'ailleurs plus sinueuse. Lui côtoie les rings depuis ses 4 ans, et il est fan de kickboxing depuis son plus jeune âge – contrairement à moi. La première fois qu'on a discuté, c'est à l'époque où je n'étais pas encore connu, que j'étais débutant en full-contact, mais que je clamais déjà être le meilleur sur les réseaux sociaux. Lui voyait ça et il se disait : « Mais qui c'est ce mec d'Angoulême qui se proclame meilleur que les autres alors qu'il n'a combattu personne ? » Et il me clashait, je lui répondais que si, j'étais bien le meilleur. Lors du Tournoi des dragons 8, en avril 2014, je devais affronter Kamel Mezatni. Abdelah me balance sur les réseaux : « Si tu le bats, alors je dirai respect. Mais tu ne le battras pas, il est trop fort pour toi. » Je le mets K.-O. au premier round. Lui me dit seulement « respect. » et se calme un peu sur les clashs. Mais le mois d'après, je combats Yacine Haddad lors du Wicked One à Paris. Je n'avais qu'un seul coach, le combat était serré et, en plein combat, Abdelah est monté dans le coin pour m'aider, et j'ai gagné. Puis on s'est lié d'amitié. Lors du premier Glory 22 à Lille, il m'envoie un message : « Si tu veux gagner, laisse-moi venir dans ton coin t'aider. » J'ai accepté et on ne s'est plus jamais quittés. Il me connaît par cœur « pugilistiquement » parlant, on a beaucoup voyagé ensemble. Avec Abdelah et Bilal, on est toujours ensemble. On est comme des frères.

Vient ensuite le combat contre « Title Chai » au Cirque d'hiver de Paris. Pareil, j'ai fait le cinéma, le trashtalk, et je gagne le combat. Après, je ne suis pas vraiment content de ce *fight* car il n'a fait que courir pendant tous les rounds et je gagne par arrêt de l'arbitre, donc par K.-O., mais ce n'est pas le K.-O. que je voulais. Il a saboté le combat, il n'a pas joué le jeu. La victoire est là, on la prend. Après ça, je sais que je suis vraiment attendu au tournant. J'ai affronté Florent Burillon, puis Pawel Klimas. Et ce qui était bien, c'était qu'à chaque fois, on est parvenus à monter en gamme. Je précise juste une chose sur Florent. Cela a été un combat un peu particulier dans ma carrière car je n'ai pas fait exactement la même préparation médiatique. Ce n'était pas un bon client pour le trashtalk, plutôt pour montrer les valeurs du sport, que sont le respect et la bonne entente. Donc je ne l'ai pas vanné ou chauffé en avant-combat comme je l'ai fait pendant des années avec mes autres adversaires. Et il y a aussi eu la négociation pour la somme en jeu, les discussions pour les kilos en trop ou non, le fait qu'il accepte de faire le combat uniquement parce que c'était moi… J'ai beaucoup de respect pour lui.

Ce combat contre Florent à Bordeaux, je n'ai d'ailleurs pas réussi à faire le poids à la pesée. C'était très difficile pour moi. C'est la première désillusion sur mon corps, la première fois que je me disais ne pas pouvoir être au poids. Mon corps a changé. C'est de plus en plus difficile d'atteindre les 77 kg. C'était la fois de trop, la fois qui n'impliquait pas de devoir changer de catégorie, mais de prendre plus au sérieux mon régime alimentaire au quotidien. Avant, je descendais plus ou moins facilement au poids que je visais, le jour où je le souhaitais. Là, j'ai compris qu'il fallait désormais que je m'y prenne bien à l'avance. C'est l'âge, c'est le mode de vie aussi. Je n'ai pas une hygiène de vie irréprochable, j'aime bien manger, c'est mon petit péché mignon, donc je ne suis pas au poids toute l'année. C'est à ce moment-là que j'ai pris conscience d'avoir passé 30 ans. Avant, même quand je me relâchais un peu pendant la prépa, que je faisais un petit écart, j'arrivais toujours à le rattraper pour atteindre le poids visé. Avant le combat à Bordeaux, j'ai vu que cela ne pardonnait plus, que le corps ne perdait plus comme avant. À 30 ans, j'ai vu très concrètement les effets de l'âge. Pourtant, 30 ans, t'es à ton pic de forme normalement, mais c'est là aussi que ton corps ne peut plus faire ce qu'il faisait quand tu avais 20 ans. Tout ce que tu faisais de mauvais, et perdre autant de poids en très peu de temps, ce n'est pas bon par ailleurs. En tout cas, à partir de 30 ans, il faut que tout soit carré.

LE K.-O. ET SES CONSÉQUENCES

Quand le K.-O. contre Jordan Zébo arrive, je vais être honnête, je ne m'y attendais pas du tout. Moi aussi j'avais une forme d'attente sur le niveau de lutte de Cédric, donc je me suis dit que Zébo allait le tester. Et mine de rien, avec tout le tapage qu'on avait fait, c'est facile pour moi car je reste dans l'ombre, mais je me suis dit que si cela ne se passait pas comme prévu, cela pouvait faire mal. Je n'ai même pas eu le temps de me poser trop de questions. Ce K.-O. en neuf secondes, cela a été la cerise sur le gâteau de toute la séquence. On arrive à faire notre délire avec le matelas jusqu'au bout, tout l'avant-combat se passe extrêmement bien, l'histoire des joueurs du PSG... À la fin, je suis sur un nuage, en réalité. Il y a eu plusieurs « avant et après » dans sa carrière, et ce K.-O. en neuf secondes en fait partie. En matière de notoriété en France, dans le grand public et les médias généralistes par exemple, on a fait un bond, avec des demandes d'interviews qui ne provenaient plus uniquement des médias spécialisés sports de combat ou RMC Sports, mais aussi de France Inter, de *Libération*... Dans la matinale d'Inter, chez Léa Salamé, on a rencontré une autre présentatrice qui a dit : « Oh, mon fils vous adore. » Ce qui arrive régulièrement désormais. Et c'est aussi grâce à la réaction vidéo de Kylian Mbappé sur le K.-O. D'ailleurs, je ne pensais pas que les joueurs du PSG allaient venir. À peine fini leur match à Clermont, ils ont pris un jet privé pour rejoindre Paris et assister au combat alors qu'ils jouaient à 17 heures. En revanche, j'ai demandé au patron de la com' du PSG s'ils pouvaient venir dans le vestiaire, mais il m'a dit que cela aurait fait mauvais genre après la contre-performance des Parisiens quelques heures plus tôt en Ligue 1.

La nourriture est quelque chose de très important dans ma vie, à deux niveaux. Tout d'abord, quand tu deviens un sportif de haut niveau, bien manger est essentiel pour pratiquer ton art de manière optimale. Et bien manger, cela veut dire plein de choses : en termes de qualité, cela concerne les aliments qui vont te donner les bons apports au bon moment, ceux qui vont te permettre d'avoir un repas équilibré le plus souvent possible, et donc de ne pas trop se laisser aller. Mais c'est aussi suivre un régime très strict quand c'est primordial. Pour les combattants, c'est encore plus particulier, car il y a un poids à tenir en fonction de ta catégorie. Ce que l'on mange lors de la diète devient essentiel car on peut ne pas pouvoir combattre si l'on dépasse un certain poids.

Pour moi, l'alimentation revêt une autre importance : je l'ai dit, c'est mon péché mignon. J'ai toujours aimé manger de bonnes choses mais également cuisiner. Si l'on doit être un peu plus léger, quoique pas totalement car les repas en collectif ont une importance capitale dans la plupart des civilisations, je vais faire quelques révélations sur mes plats préférés. À commencer par les bananes plantains avec sauce arachide, mais aussi le poulet, assaisonné d'une certaine manière, du riz, des choses qui ne sont pas très sophistiquées, c'est vrai, mais que j'aime cuisiner.

J'aimerais bien prendre des cours de cuisine d'ailleurs, surtout de cuisine africaine. Aussi de cuisine française, parce que c'est très important de toujours apprendre des choses, notamment celles que l'on peut faire avec ses mains. Il faudrait que tout le monde sache cuisiner, aussi pour combattre l'idée reçue que ce serait aux femmes de le faire. Cela avance un peu, mais ce n'est pas encore suffisamment démocratisé et les clichés perdurent. Et en plus, apprendre à cuisiner encore mieux, cela me permettrait, par exemple, de manger plus souvent des bananes plantains car c'est surtout ma mère qui sait faire ce plat. Avec la notoriété, c'est plus compliqué pour moi d'aller au restaurant sur un coup de tête. Mais il y en a quelques-uns dans lesquels je vais de temps en temps, un restaurant africain à Paris, un autre italien et un de burgers. Après, ouvrir un restaurant a longtemps été un de mes rêves. Et cela reste dans un coin de ma tête. Mais même si j'aime bien manger, ce ne serait pas pour l'amour de la gastronomie. La raison principale, c'est pour que tous mes proches puissent venir manger quand ils veulent. Aussi pour les repas en famille. Comme si mon restaurant était chez moi.

Pour moi, la cuisine subsaharienne est la meilleure au monde. Et j'irais même au-delà : c'est au Cameroun que se trouve la meilleure. On a plus de deux cents ethnies et chacune d'entre elles a ses propres plats, ou propres variantes de plats connus. Et sans même parler de ceux qui seraient trop sophistiqués, comme le ndolé par exemple – ces feuilles vertes peuvent avoir un goût trop amer pour le palais de certains qui n'y sont pas habitués –, les plats pour lesquels tout le monde ou presque serait unanime font la différence par rapport aux autres cuisines à mes yeux. Même des plats qui peuvent paraître très simples, comme des poissons braisés, avec les assaisonnements à la camerounaise et le type de poissons pêchés, cela devient vraiment incroyable.

Mais je ne néglige pas la gastronomie française non plus, en particulier une bonne ratatouille bien faite. Le sucré, en revanche, ne m'intéresse plus du tout. Quand j'étais plus jeune, j'aimais bien le fondant au chocolat ou le clafoutis à la cerise mais désormais, hormis les tiramisus, c'est fini. Encore une fois, tout cela peut paraître plus léger que les combats, voire trop superficiel. Ce serait ne pas comprendre la manière dont l'alimentation a traversé ma vie d'athlète et d'homme, et son importance pour un sportif de haut niveau.

Ma blessure

Vient le moment du PFL. Un premier combat à Atlanta, prévu en juin 2023 contre Jarrah Al-Silawi, est d'abord annulé. Cela ne s'est pas fait parce que j'étais blessé, une rupture totale du ligament scapho-lunaire, une blessure que je ressens toujours aujourd'hui. C'est arrivé lors d'un entraînement de grappling. Je pensais que cela allait passer mais le lendemain matin, au réveil, je ne pouvais pas du tout utiliser mon poignet. J'ai alors été voir mon médecin, il m'a interdit de combattre et m'a dit : « Vous pouvez y aller si vous voulez être à 20 % de vos capacités, c'est vous qui voyez. » La décision était implacable, et j'ai été obligé d'annuler le combat.

Au réveil, je ne pouvais pas du tout utiliser mon poignet.

Lorsque cela arrive, je me dis que c'est hyper-dangereux, que c'est une vraie blessure. C'est même la première fois de ma carrière que j'en ai une aussi grave. Celle qui était la plus forte pour moi avant ça, c'étaient deux côtes cassées et tu ne peux certes plus rien faire mais c'est provisoire. Alors qu'une rupture du ligament, c'est une blessure qui nécessite une opération, des mois, voire un an d'arrêt ou plus. Et potentiellement un arrêt de carrière tout court dans mon cas. À mon âge, si on fait une pause pendant un an, on peut reprendre, mais moi je n'en aurais pas eu envie, je pense. J'ai préféré une autre approche pour faire face à cette blessure. Je me suis habitué à la douleur et j'ai trouvé des solutions. Cela fait plusieurs *fights* que je combats avec le ligament rompu. Quand j'écris ces lignes, je ressens cette douleur également. Il y a même des mouvements que j'évite de faire dans la vie de tous les jours. Quand je prends mon fils dans mes bras, je ne l'attrape pas avec la main gauche, je mets mon bras sous son aisselle et je le porte avec ma main droite. Un pack d'eau, je ne le soulève plus de la main gauche non plus. Même faire des pompes, c'est uniquement sur les poings désormais parce que, de cette manière, mon poignet reste immobilisé. Or, lorsque tu combats en MMA, ce n'est pas comme en boxe, tu ne peux jamais immobiliser ce poignet tout le temps. Donc c'est handicapant. C'est pour ça que cela me fait rire quand j'entends ceux qui disent que j'ai arrêté mon *fight* contre Baki en raison de la douleur que m'aurait procuré l'écharde. J'ai juste demandé qu'on l'enlève parce qu'elle est un objet extérieur au combat, elle n'a rien à faire là. Si cela avait été un orteil ou un doigt cassé, bien évidemment que je n'aurais pas demandé à l'arbitre de faire une pause, sinon il aurait arrêté directement le combat.

Je sais que certains tentent d'utiliser mes blessures pour essayer de m'atteindre. Même quand ce n'est pas méchant, comme par exemple Yohan Lidon. Lui, ce n'est pas que je l'aime bien, ou que je ne l'aime pas, je m'en fiche. C'est juste qu'il est un peu jaloux parce qu'il aurait aimé avoir la carrière que j'ai. Mais ce n'est pas méchant entre nous, on se chamaille, il n'y a pas d'animosité. Si je le vois, je lui serre la main, on pourrait se chambrer en face à face, mais ce n'est pas de la haine. Il y a quelques mois, quand il a perdu un combat aux points contre un Italien, Massimo Rigamonti, qui est une pomme de terre, une chèvre, il est même allé au tapis et a failli prendre K.-O., je l'ai chambré en message privé et je lui ai dit : « Franchement, bravo pour la victoire d'hier. Et maintenant, t'es 200 fois champion du monde ? » Je balance ça parce qu'il mettait souvent en avant ses 17 ou 20 fois champion du monde en comptant des ceintures claquées, qui ne valent rien. Et lui me répond : « C'était un combat épineux hier », en référence à l'arrêt du combat contre Baki. Tout cela reste du chambrage.

Contre Zébo… et Lopez

Après l'annulation du combat contre Jarrah Al-Silawi, on arrive à un accord avec le PFL pour combattre Jordan Zébo. C'était particulier parce que tout le monde ou presque me voyait perdre. Mais c'était en réalité le combat qui opposait Cédric Doumbé à Fernand Lopez, puisque Zébo fait partie de son écurie, qu'il est musclé, un pur produit du MMA, même si à la base il vient du karaté. Les détracteurs estimaient que ce serait trop compliqué pour moi parce que je n'avais combattu personne en MMA et que, cette fois-ci, j'affrontais quelqu'un qui n'avait pas de défaite, qui ne faisait que gagner et qui était vraiment très bon en lutte, qui attrapait ses adversaires et qui cassait la cage à l'Ares avec une projection. Enfin on allait voir ce que je valais au sol, puisque beaucoup spéculaient sur ce sujet. D'un côté, mes coachs disaient que j'étais très bon au sol et d'un autre, certains disaient qu'au premier bon lutteur, ce serait fini pour moi.

C'était un combat que toute la France attendait.

C'était un combat que toute la France attendait. Même les stars, des Vincent Cassel, des rappeurs, des joueurs du PSG, tout le monde voulait me voir parce qu'ils avaient entendu parler de moi, du fait que j'avais une grande gueule et qu'on allait voir ce que ça allait donner concrètement, ce mec qui parle énormément. Je me souviens, il y avait des fanbases un peu partout, des gens qui avaient allumé des écrans au travail, d'autres qui se donnaient rendez-vous à la maison pour le regarder. De mon côté, j'ai abordé ce combat un peu comme les autres. La particularité, c'est que c'était plus un combat contre Fernand Lopez. Je ne voulais pas perdre juste parce que c'était Fernand. Déjà que je ne veux pas perdre de base, mais là… C'était encore plus fort, en raison de notre passif mais aussi des violences faites aux femmes, et je suis un lutteur, un combattant de cette violence-là, car ce sujet me touche profondément. Je reviendrai sur ce sujet, mais j'en ai parlé après le combat, comme tous ceux qui me suivent le savent, j'en ai parlé sur France Inter, j'en ai parlé sur mes réseaux sociaux. Il a essayé de m'entourlouper. Et c'était en plus un ennemi parce qu'il était un détracteur, qu'il avait porté des allégations contre moi, en disant que j'avais couché avec sa femme, ce qui est faux. Je me suis dit que ce combat, c'était le moyen de lui faire fermer sa bouche.

Toute ma com' se met en place, je prépare plusieurs vidéos et posts sur les réseaux sociaux pour faire monter la sauce, comme d'habitude. Le matelas avec lequel je rentre dans la salle et sur lequel est inscrit « Bonne nuit Jordan », on y pense quelques heures avant, à l'hôtel. C'est pour ça que c'est écrit à l'arrache, avec du scotch. Quand je porte le matelas, j'entends les rires directement, on me voit sourire d'ailleurs parce que j'ai toujours aimé faire rire les gens. On entend la musique qui part, on me voit avec le matelas, tout le monde est explosé. C'est un moment incroyable. J'aime trop me donner en spectacle. Quand je fais une blague, que ça rigole, je kiffe, comme un humoriste sur scène. À ce moment-là, je ne suis pas dans le combat, même s'il commence dans quelques minutes. Il y a la phase de spectacle avant, puis il y a le *fight*, et je suis deux personnes différentes. Il y a le stress juste avant d'arriver dans la cage, mais je suis un peu partagé, je goûte l'instant avec le public. Le moment où je suis vraiment dans le combat, c'est celui où je rentre dans la cage ou que je passe les cordes. À partir de ce moment, je ne fais que me parler à moi-même, parce que cela se joue à un fil, cela se joue à un cheveu pour que tu sois déconcentré, que tu ne sois pas connecté, dans un autre état, une euphorie. Que tu sois bouffé par le stress, pas celui qui te tétanise mais celui qui te met ailleurs, et là « Bam ! », tu es K.-O. C'est là que je me parle à moi-même pour atterrir. Je me dis toujours un peu les mêmes choses : « Eh ! C'est maintenant, ça y est, c'est fini, oublie tout ce qu'il y a autour, c'est parti, c'est parti, c'est maintenant. Là, tu vas prendre des coups, tu vas en mettre, t'as cinq minutes, là c'est maintenant, t'as trois rounds, t'as cinq rounds, eh gros, c'est maintenant. » Dès que l'arbitre nous appelle : « Cédric, t'es prêt ? », moi : « C'est tout de suite, c'est maintenant, maintenant. » Je me retourne vers mes coachs, ils me font des signes, je peux boire un peu d'eau, « Gros, c'est maintenant. » Je bouge, je regarde l'adversaire, je vois ses jambes, ses poings, ses pieds, ses cuisses. Je recommence : « Il va me mettre des coups, là, c'est maintenant, gros, t'as cinq rounds. C'est parti, c'est parti. » Et là, tac ! Je suis déjà dedans.

Un K.-O. en neuf secondes

Juste avant les annonces de l'arbitre, je crie : « Jordan ! » pour que le public réponde : « T'es mort ! », je suis toujours concentré sur le combat, j'avais juste dit que je le ferais, donc il fallait que je le fasse. Je crie trois fois son prénom, je reviens,

UFC, PFL OU BELLATOR ? ACTE II

Malgré l'échec abscons de l'automne 2022, on poursuit en 2023 notre réflexion pour son entrée sur la scène internationale du MMA et on continue de discuter avec toutes les organisations. En parallèle, Cédric combat plusieurs fois au MMA GP pour acquérir de l'expérience. On décide alors de créer un formulaire en ligne pour demander aux personnes qui nous suivent de donner leur avis sur l'organisation que Cédric devrait rejoindre. Un succès puisque 200 000 personnes ont participé. À mon sens, c'est d'ailleurs l'une des premières fois qu'un sportif a fait ce genre de choses. Quand on a demandé aux gens de trancher, nous n'avions vraiment pas pris notre décision. Mais il fallait aussi commencer à instiller l'idée que la signature au PFL était possible, même à un moment où notre choix entre cette organisation et l'UFC n'était pas encore arrêté. En revanche, résultats médicaux étranges ou non, je pense que le choix *in fine* aurait été le même. Jusqu'au bout, la décision a été compliquée à prendre parce qu'existait quand même, dans l'inconscient collectif, l'idée que l'UFC était le saint Graal du MMA. De notre côté, on estimait que Cédric avait le potentiel pour être champion de cette organisation. Mais déjà, avec l'UFC, on a senti qu'il n'aurait pas un parcours très rapide et fluide vers le titre, mais plutôt au bout de trois ans, deux ans et demi au mieux. Ensuite, concernant les sujets financiers, le PFL proposait à Cédric six ou sept fois plus que l'UFC. Or Cédric avait déjà 30 ans à l'époque, et il gagnait plus au Glory qu'il venait de quitter. Si on avait eu un chemin pour aller au titre en quelques combats, on aurait pu se dire : « Allez, tu serres les dents, tu combats pour pas grand-chose en espérant que tu parviennes à glaner des sommes raisonnables rapidement », car il faut savoir que tu ne gagnes bien ta vie à l'UFC que si tu es dans le Top 5 de ta catégorie. De l'autre côté, stratégiquement, on s'est dit que le PFL était complètement inconnu, qu'on pouvait tenter ce pari, que cela nous permettrait notamment de combattre en France aussi. Et surtout que si cette organisation n'était pas connue, on la ferait connaître en misant tout sur la com'. On décide alors au printemps 2023 de les rejoindre de manière très réfléchie, malgré le vote des fans, qui voulaient majoritairement nous voir rejoindre l'UFC. La suite, on la connaît. Et la vie est bien faite : Cédric devait combattre le Jordanien Jarrah Al-Silawi en juin 2023, il s'est blessé au poignet, donc il a été sorti du tournoi à un million de dollars. Mais cela a provoqué le premier combat en France, contre Jordan Zébo, quelques mois plus tard. Et avec tout ce qui s'est passé, en matière de com' avant, puis l'impact qu'a eu le K.-O. en neuf secondes, le PFL a vu le potentiel de Cédric Doumbé car il a fait exploser le MMA en France à lui tout seul – je n'ai pas peur de le dire. Et la décision que nous avons prise de rejoindre le PFL a été la bonne.

boum, je suis dedans. Je ne suis pas en train de rigoler, je ne souris même pas quand je crie son prénom. Et après, quand ça démarre, je me dis : « Allez, c'est parti, il ne faut pas aller au sol, c'est pour ça que je dois maintenir ma position bien basse, il faut l'attendre, fais ta boxe, ça va venir tout seul. » Là, il me balance un high kick, qu'on avait déjà étudié, on savait que c'était son arme principale en striking. Dès que son high kick part, je me dis : « Voilà, c'est lui. » Quand je lui saisis la jambe, c'est juste un réflexe qui vient du kickboxing, je ne l'avais pas préparé. Et ce que je fais tout le temps par réflexe aussi, c'est le balayage. heureusement que cela n'a pas marché d'ailleurs, parce que normalement je balaye, ensuite je vais au sol, là j'aurais mis deux ou trois coups, il se serait peut-être relevé. Mais là, quand je le balaye, il a la jambe un peu flexible, donc il ne tombe pas. D'habitude, ce que je fais en deuxième quand j'attrape la jambe de quelqu'un, je passe sa jambe d'un côté et boum, je balance un crochet du gauche ou une droite. Donc deuxième solution, je lance mon crochet gauche : « Bam ! » et ça connecte directement. Je continue avec une droite, qu'il prend aussi en tombant, et je termine avec marteau, marteau et marteau. Neuf secondes, c'est terminé. Incroyable.

Neuf secondes, c'est terminé. Incroyable.

Quand mon crochet gauche connecte avec la tête de Jordan Zébo, je ne suis pas surpris, parce que je connais mon striking, je sais que quand ça passe, c'est terminé pour mon adversaire. Je suis juste surpris de la vitesse à laquelle cela survient, dès le début du combat. En revanche, je l'ai toujours dit : n'importe quel coup que quelqu'un va prendre de ma part, c'est dodo direct, à la première patate qu'il va prendre, il va se rendre compte qu'il n'est pas à sa place. C'est ce que j'avais dit à Jordan avant, parce que lui, il est saucé, tout le monde lui dit qu'il va me battre. Mais en temps normal, jamais il n'accepte ce combat. Après notre affrontement, il m'a demandé une revanche, il est fou, dix combats entre lui et moi, dix combats ce sera K.-O. pour lui au premier round car il ne peut pas les encaisser, ces coups. Soit il a une stratégie incroyable, soit c'est mort.

Dès que l'arbitre siffle la fin du combat contre Jordan Zébo, je regarde le public, je regarde les gens, tous les détracteurs. Je regarde dans son coin et là je cherche Lopez du regard. Je le trouve, et je le fixe. Il tient le regard, avec un petit sourire. Je me dis : « Ah, tu souris hein, tu souris puisque t'as envoyé un petit au charbon, t'es à ta place, t'es tranquille, c'est pas toi qui as pris la gauche. Mais tu peux envoyer qui tu veux, j'en ai rien à foutre, ça finira pareil. » C'est pour ça qu'après le *fight* contre Baki, il s'est empressé de tweeter contre moi. Ce sont tellement des traîtres qu'ils prennent une défaite qui n'est pas à la loyale. Alors que moi, jamais je ne l'aurais prise, car ce n'est vraiment pas glorieux. Ils voulaient tellement que je perde que peu importe la manière dont cela s'est passé, ils s'en fichent. C'est comme s'ils arrivaient à trois sur moi, qu'ils me tabassaient, et qu'ils me disaient que j'avais perdu. T'es sérieux ?

Une fois que j'ai trouvé Lopez du regard, je passe à autre chose, je vais voir le coin, la team, on est contents. Moi, je ne suis pas content d'avoir gagné, car je le savais avant de combattre, mais je suis heureux de la performance de fou. Je suis habitué à gagner au premier round, des combats rapides. Là, c'est juste que je me dis que j'ai battu Lopez de cette manière. En réalité, je suis désormais arrivé à un stade de ma carrière où ce ne sont plus des combats contre moi-même ou parce que j'aurais des choses à me prouver. Ce sont des combats contre mes détracteurs. Le « Eh ! Je vous avais dit quoi ? », je peux l'utiliser à chaque combat, car c'est vraiment ce que je pense quand l'arbitre me donne la victoire.

Mon interview dans la cage, juste après le *fight*, c'est en grande partie de l'improvisation. C'est l'émotion et le naturel qui sont sortis. J'ai rappelé que ce n'était pas une victoire contre Jordan, je lui ai parlé juste après, je l'ai encouragé, car je sais que c'est hyper-humiliant de prendre un K.-O. en neuf secondes avec tout le tapage qu'il y a eu autour de ce combat. Le pauvre, médiatiquement, il était acculé, avec le matelas, la musique, les cris… Je lui ai dit de ne pas résumer sa carrière à ça, que c'est juste moi qui étais en face, que je suis plus fort, que j'ai plus d'expérience, mais j'ai essayé de le remotiver. Après, je me dis qu'il peut ne pas se souvenir de notre conversation car après un K.-O., des fois, tu mets un peu de temps à retrouver tes esprits. Cela m'est arrivé, pas de me prendre un K.-O. mais des coups, d'arriver dans le vestiaire et de ne pas me souvenir de l'affrontement. Je répète le message que je lui ai donné dans le micro, juste après, aussi pour qu'il entende tout ça après le combat.

Cécile et Fernand Lopez

Mais le vrai ennemi dans ce combat, le mec que j'ai vraiment mis K.-O., c'est Fernand Lopez. Je vais déjà revenir sur ses accusations calomnieuses. Avec sa femme, Cécile, on s'appelait régulièrement car c'était ma nutritionniste. Petit à petit, c'est devenu une amie. Tout comme David : c'est mon manager, mais c'est aussi devenu mon ami avec le temps. Abdelah, pareil, tous les gens de ma team le sont. Je partage trop de moments avec eux pour que cela ne crée pas de liens. Un jour, fin 2018, je descends dans le Sud, à Cannes. Cécile m'envoie un message pour me dire qu'elle est chez ses parents pas loin et qu'elle va sortir avec une de ses copines. On se voit là-bas mais c'est normal, si l'un de mes amis passe à Angoulême, que j'y suis, c'est logique que je lui propose qu'on se voie dans un endroit que je connais bien, même si ce n'était pas prévu. On se capte dans une soirée sur la plage d'un hôtel. Et c'est là qu'elle me raconte pour la première fois ce qui se passe avec son mari. Elle a les larmes aux yeux, elle parle de violences conjugales, de tromperies. Et elle me raconte qu'elle a pardonné, mais aussi qu'elle ne sait pas s'ils vont rester ensemble. J'essaie de la rassurer un peu, mais je ne sais pas trop quoi lui dire. J'ai conscience que c'est vraiment chaud, je me dis en revanche que cela ne me regarde pas trop. La soirée se termine, mais je me souviendrai toujours du deuxième chapitre de cette histoire. La veille de mon combat à Lyon contre Jimmy Vienot, Fernand Lopez m'appelle, il me dit : « Ouais, t'as pas été loyal, j'ai appris que t'avais vu ma femme dans le Sud et tu ne me l'as même pas dit. Je croyais qu'on était des frères. Taylor [Lapilus] me l'aurait dit, lui. » Mais on est des frères de quoi ? Je t'ai cerné depuis longtemps. En plus, il essaie de jouer sur le fait qu'on est tous les deux des Camerounais. Je lui dis que je combats le lendemain, que cela ne me regarde pas, et surtout, je me dis dans ma tête : « Tu bats ta femme, évidemment que je ne vais pas t'appeler et te dire que ta femme m'a parlé de ce que tu lui faisais, te demander "c'est vrai ou c'est pas vrai ?" » Après, là où il a raison, c'est que si on avait été de vrais frères, je lui aurais dit que je l'avais vue. Mais on ne l'est pas.

Un soir, Cécile m'appelle pour me raconter une énième dispute avec Fernand Lopez. Je la conseille, lui dis que cela ne peut pas durer comme ça. Elle est sur le balcon et j'entends qu'il lui dit de rentrer. Elle refuse, le ton commence à monter, elle lui dit de la lâcher, le téléphone tombe et je l'entends crier. Je ne dis rien puisque je ne veux pas qu'il sache que je l'entends. Et puis à un moment, il prend le téléphone et j'entends : « Cédric Doumbé, c'est pas possible, encore lui, pas lui, pas toi ! » Et ça coupe. Sur le coup, je ne rigolais absolument pas, mais quand j'y repense je suis mort de rire, j'entends encore sa voix et la manière dont il prononce ces mots. J'appelle la police et leur donne l'adresse. Quelques heures après, elle m'appelle, j'y vais avec Abdelah, elle explose en pleurs, on lui explique qu'on est là. Après, il y a eu une plainte et l'affaire a suivi son cours. Lui a résumé une accusation de violence en 2018 qu'il a reconnue de cette manière dans *Le Parisien* : « Un jour, j'ai commis ce geste. Le geste que je regrette le plus de toute ma vie. J'ai levé la main sur mon ex-conjointe, une gifle, ça a été catastrophique. » Mais dans Brut, elle avait raconté sa version de la soirée que je viens de décrire : « En février 2019, le père de ma fille me dit qu'il me quitte. Il devient fou. Je sens sa violence qui monte. Quelques mois avant, je me fais taper sur la gueule. Dans ma tête, je me dis : "Ne dis rien." Il n'y a pas eu d'attaque si ce n'est de coller son front contre le mien. J'ai peur, il sort de la pièce. À 1 heure du matin, j'ai peur, j'ai besoin d'une voix qui me rassure. Je vais sur le balcon pour téléphoner. Je suis au téléphone avec Cédric Doumbé, il me dit : "Pars de la maison." Je n'ai pas eu le temps. Le père de ma fille vient, il me demande à qui je parle. Je mets mon bras en distance en lui disant d'arrêter, Cédric entend tout et entend mon cri parce que [Fernand] me fait une clé de bras et me prend le

Elle refuse, le ton commence à monter, elle lui dit de la lâcher, le téléphone tombe et je l'entends crier.

téléphone. Je cours vers le téléphone fixe, il le fracasse. Là, j'ai eu peur pour ma vie. Cédric appelle sa sœur pour avoir mon adresse et il envoie les flics chez moi. C'est comme ça qu'il me sauve la vie. » Cécile conclut : « Mon ex-conjoint parle d'une gifle. Il y a eu des faits de violence rapportés à la police avant ce 13 juillet 2018. Quand je lis son interview… Des faits de violence, il y en a eu avant et après. »

Pressions et entourloupes

Mais mon histoire avec Fernand Lopez remonte au moment où j'ai voulu m'entraîner dans sa salle. Moi, je suis un mec seul, un freelance à la base quand j'arrive chez lui, et il veut déjà s'appproprier Cédric Doumbé. Il veut que je ne m'entraîne que chez lui, il me dit qu'il ne veut plus que j'aille dans la salle de sport dans laquelle je faisais du fitness. Moi, je suis arrivé en tant que mec du kickboxing qui veut faire sa transition vers le MMA. Et lui voulait que je signe un contrat de kickboxing. Ce n'est pas lui qui m'entraîne dans cette discipline, mon contrat est signé depuis longtemps. J'ai toujours été le gars qui rigole, qui fait le teubé, mais je cerne toujours les gens et je ne dis rien. Mais j'ai senti les entourloupes, je me méfiais et je n'ai donc jamais rien signé. Je transmettais tout à mon avocate.

J'ai toujours été le gars qui rigole, qui fait le teubé, mais je cerne toujours les gens et je ne dis rien.

Un jour, il avait loué tout le folklore, le photocall, le costume, il a pris un stylo qu'on achète dans les librairies, toujours dans son coffret quand j'arrive. Il a posé le stylo, a mis deux ou trois feuilles devant moi. Et il s'agissait… du règlement intérieur de sa salle. Il y avait aussi Franck, mon manager à l'époque. Lopez me dit : « Tu fais semblant de signer. » Il voulait faire croire que Cédric Doumbé rejoignait officiellement la MMA Factory, on fait une photo à trois, il a fait tout son cinéma, mais c'était juste le règlement intérieur, que je ne signe même pas, en plus ! Quand je me remémore tout ça, cela me rassure d'un côté parce que lorsque tu as une embrouille avec quelqu'un, tu te dis que peut-être cela vient de toi. Ou pas.

À l'époque, si tu voulais faire du MMA, tu n'avais pas le choix, il fallait que tu ailles à la Factory.

À l'époque, si tu voulais faire du MMA, tu n'avais pas le choix, il fallait que tu ailles à la Factory, il n'y avait pas toutes ces autres salles qui existent aujourd'hui. On te faisait comprendre que si tu voulais signer à l'UFC en tant que Français, c'était là que tu devais aller. Je suis resté six mois à la MMA Factory. Et encore, un peu moins car m'entraîner là-bas ne m'arrangeait pas. J'habitais à Asnières (Hauts-de-Seine) et la salle se trouve à Porte Dorée (XIIe arrondissement de Paris). C'est hyper loin, et les entraînements se déroulaient à midi ou 13 heures. Alors que toute ma vie, depuis que j'ai commencé à m'entraîner deux fois par jour, c'était le matin tôt et le soir vers 20 heures, avec le déjeuner et la sieste entre les deux. Je n'ai jamais vu des entraînements à midi ou 13 heures, et surtout comment je fais deux entraînements par jour dans ce cas-là ? Mon déjeuner, ma sieste, je les fais quand ? Toute ma routine serait brisée. Et puis, c'était une heure de route pour y aller, une heure et demie pour revenir, dans les bouchons. Je me suis dit que je ne pouvais pas continuer. Deuxièmement, il avait ses têtes et c'était presque une farce : il ne s'entendait pas avec un mec qui faisait des poke bowls vers la Factory, il nous disait de ne pas aller manger là-bas. Une salle dans laquelle j'aimais aller boxer à Levallois, pareil, il m'avait fait comprendre qu'il fallait que j'arrête de m'y rendre. C'est complètement dingue quand j'y repense.

Et puis il y a aussi l'épisode avec Franck, mon manager de l'époque. Fernand m'invite à dîner. J'ai déjà raconté cette anecdote à Booska-P. Il me demande : « Ça fait combien de temps que tu es avec Franck ? » Je lui dis que ça fait un an. Il répond directement : « Tu as vraiment besoin de lui ? Parce que Franck, il me dit que lui aussi, si on va à l'UFC, il va prendre 5 %. » Je lui rétorque que c'est normal puisque c'est lui qui m'a amené à la Factory. Et là, il me balance la fameuse phrase dont je me rappellerai toute ma vie, tellement j'en rigole encore : « Oui, mais si tout le monde amène tout le monde… » Dans ma tête, j'étais mort de rire : il me fait comprendre sans détour qu'il faut que je quitte mon manager, alors que Franck est gentil avec lui en plus.

Fernand Lopez : fin de l'affaire

Après ce discours, qui a suivi le combat contre Jordan Zébo, j'ai lu plein de messages sur les réseaux sociaux du type : « Ouah mais en fait, Fernand, il tape sa femme ! Comment toi, Ciryl Gane, tu peux

L'ŒIL DU MANAGER
DAVID FOUCHER

LE PFL, ET APRÈS ?

Après le choix de s'inscrire dans la durée au PFL, les planètes se sont alignées. Francis Ngannou a lui aussi signé dans cette organisation et va combattre à l'automne 2024, ils ont également signé un ou deux autres noms dans la foulée, donc cela nous a légitimés encore plus. Cette organisation a beaucoup d'ambition. Mon frein principal résidait dans le fait qu'ils n'allaient pas avoir les droits RMC Sport. Ils les ont eus pour le combat face à Zébo, et cela a été un gros carton, mais ils sont ensuite partis chez DAZN, ce qui représentait une plus faible exposition. Mais depuis, ce groupe média a obtenu les droits de la Ligue 1 et cela peut exploser. Par ailleurs, si dans deux ans il est champion du PFL, peut-être qu'il pourra affronter celui de l'UFC, ou le numéro 2 ou 3 max de sa catégorie. Ce qu'on aurait mis trois ans à réaliser sans gagner plus, on va peut-être pouvoir le faire en deux ans et demi, en gagnant beaucoup d'argent et en devenant une star en France.

rester avec Lopez ?! » Pourtant, ma punchline rappelait quelque chose qui était déjà sorti dans la presse. Au-delà de ça, je suis sûr que tout le monde était au courant à la Factory, et que personne ne disait rien. Donc toutes les personnes qui s'entraînaient régulièrement dans cette salle et n'en ont pas tiré les conséquences étaient complices. C'est très, très grave. Fernand Lopez, c'est le gourou. Tout le monde le suit, tout le monde se tait parce que tout le monde veut aller à l'UFC. La Factory, c'était la salle du moment, Francis Ngannou est passé par là et il a eu une carrière exceptionnelle donc certains veulent l'imiter en y allant aussi... Moi, je ne me tais pas, je me suis cassé, parce que j'avais confiance en moi. Lopez, pas Lopez, si je veux aller à l'UFC, j'irai à l'UFC, je n'ai pas besoin de lui. Ce n'est pas comme dans d'autres domaines, où tu as forcément besoin d'être pistonné. Moi, non. Ce n'est pas moi qui appelle des organisations, ce sont les organisations qui m'appellent pour combattre.

Aujourd'hui, si je croise Fernand Lopez à une soirée ou dans la rue, je vais sourire et il va sourire aussi, parce qu'il sait très bien qu'il ne faut pas s'attaquer à moi. Et si jamais il veut finalement jacter, tout ce qu'il pourrait me dire me ferait sourire, donc, comme c'est quelqu'un d'intelligent, il ne dira rien par peur d'avoir le dessous publiquement encore une fois. Si on se voit, je pense qu'on ne va juste pas se calculer. Mais en vrai, je m'en tape de lui, c'est une personne insignifiante. Là, j'en parle pour fixer des faits, écrire noir sur blanc ce qui s'est passé. Mais plus largement, je ne suis pas en vendetta contre lui, j'ai dit et fait ce que j'avais à faire, et j'ai tellement de problèmes dans la vie que Fernand Lopez ne m'intéresse plus. Mais si on pose des questions sur lui, je balancerai tout, je dirai tout simplement la vérité. Moi, je suis un fervent défenseur de la vérité. Je crois en Dieu, donc je sais qu'il y a une justice divine, qui est la justice des justices, le juge des juges. L'avantage de mon style de vie, plus casanier et simple, c'est qu'on aura peu de chances de se croiser. Je vais rarement en soirée. Ce n'est que récemment qu'on me voit dans des moments organisés par Dior par exemple, pour mon image, mais c'est en dehors du monde des combats, duquel je me tiens la plupart du temps éloigné. Et très exceptionnel.

Je vais terminer sur cette affaire avec les tout derniers messages que j'ai échangés avec lui, le 21 février 2019, le jour où la police est venue s'occuper de lui, après l'appel de Cécile. Il écrit : « Parler à Cécile de moi, lui donner des conseils sur moi alors que tu n'en as jamais parlé avec moi. Rien que ça, c'est déjà grave. Tu ne parles pas des affaires de mon couple avec ma femme en cachette. Rien que ça, c'est déjà très grave. Être avec ma femme au téléphone à minuit alors que ce n'est pas un sujet professionnel, sans m'en parler à moi, c'est très grave. Pas une fois tu m'as appelé à ce sujet. Tout à l'heure, tu as envoyé les keufs chez moi, Cédric. Pas une fois tu m'as texté ou appelé. J'ai été ton ami, j'ai été ton coach. L'incident s'est passé il y a trois heures. Tu ne m'as même pas envoyé le moindre message ou essayé de m'appeler. » Il m'écrit ça, après tout ce que je sais sur lui, après la fausse signature dans sa salle, après l'affaire du sponsor qu'il m'avait promis avant de se dédire, après ce que je sais et ai même entendu de sa manière de se comporter avec Cécile ? Je reçois ce message à 2 heures du matin. Dix minutes plus tard, je lui réponds juste : « Tu es incroyable. » Car je me dis : avec tout ce qui s'est passé, tu trouves quand même le moyen de faire la victime ? Tu es encore en train de jouer la comédie ? Tu gardes ton masque ? Il me répond juste un point d'interrogation, puis : « OK. Merci de ta réponse, je suis incroyable. Merci. » Et c'est le dernier message qu'on s'est envoyé.

CHAPITRE 4

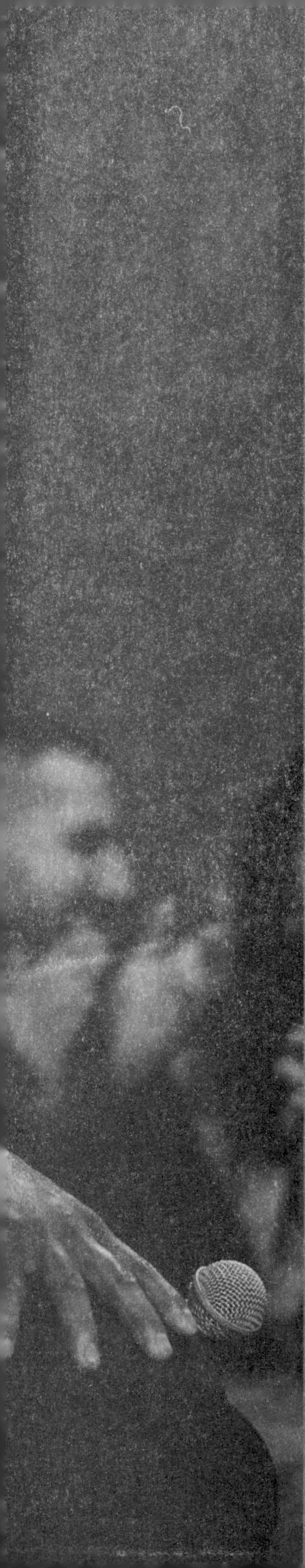

ET MAINTENANT

Mon combat contre Baki

Cette rivalité que j'ai avec Fernand Lopez va malgré tout se poursuivre avec mon combat contre Baki en mars 2024. Cet affrontement, beaucoup le réclamaient alors que pour moi, ce n'était pas vraiment un sujet. C'est le public qui a inventé cette rivalité entre Baki et moi. Mais disons les choses clairement : les gens ne sont pas pour Baki, ils sont contre moi. Leur quête, c'est de trouver et soutenir celui qui va faire tomber Doumbé. Ils n'ont pas vu en Baki un nouveau prodige, mais quelqu'un qui peut potentiellement faire tomber Cédric. Demain, je le mets K.-O., ils vont se dire : « Bon, qui d'autre… ? Ah, Alex Lohoré, lui, en fait, il peut y arriver ! » C'est comme lors de la finale de Ligue des champions entre le PSG et le Bayern Munich en 2020. Les Marseillais supportaient tous à fond le club allemand parce qu'ils ne voulaient pas que le PSG gagne la Coupe d'Europe. C'est juste que les ennemis de leur ennemi étaient leurs amis. Et c'est pareil pour mes détracteurs. Hier Jordan Zébo ; aujourd'hui Baki ; demain encore un autre. Là, on est fin août 2024 quand j'écris ces lignes, et que m'a-t-on appris ces derniers jours ? Pas une seule catégorie de tribune pour son combat contre Oliver Enkamp en novembre n'est *sold out*. Y compris la moins chère. Je ne dis pas la salle entière, mais

Baki, tout le monde s'en tape. Sa carrière, c'est moi.

aucune catégorie. Mon combat contre lui, il n'y a eu besoin que de vingt petites minutes pour vendre tous les billets. Les gens s'en foutent de ce combat Baki-Enkamp, c'est factuel. Demain, tu annonces un combat de moi contre le plombier du coin, tout va se remplir. Parce qu'on veut me voir perdre ou on veut me voir gagner. Baki, tout le monde s'en tape. Sa carrière, c'est moi.

Pour le *fight* contre lui, j'ai fait une préparation un peu spécifique, mais pas autant que ce que certains ont pu croire ou dire. Déjà, il faut arrêter de dire qu'il est très bon au sol. Il est bon au judo, c'est tout. Et encore : ce n'est pas un bon judoka par rapport à ceux qui pratiquent la même discipline que lui, c'est un judoka, basta. Il n'a pas de médaille, pas de grande victoire en compétition, rien. Mais pour travailler sur ça, car je suis un professionnel qui ne veut rien laisser passer, j'ai fait venir le combattant Karl Amoussou, un très bon judoka. Avec lui, je voulais travailler spécifiquement les balayages pratiqués dans cette discipline, mais c'est tout. Après, sur le reste de la préparation, on savait qu'il se jetait un peu sur ses crochets gauches, mais on a surtout compris qu'il allait être obligé de casser la distance. Ce qui n'était pas un problème en soi : tous mes adversaires le font, donc il n'a pas été très original. Il fallait donc que je l'empêche de lutter au maximum.

J'arrive dans ce combat avec le même état d'esprit que tous les autres. Rien à voir avec celui contre Nieky Holzken par exemple, le seul pour lequel j'ai eu du stress, comme je l'ai expliqué. Juste un petit stress du combat dans les vestiaires car je n'avais pas envie de perdre, comme avant tous les combats que j'ai faits dans ma vie, ni plus ni moins. Je suis chez moi en plus, la salle est pleine, j'ai trop parlé, j'ai fait cette vidéo incroyable avec l'ambulance et le moment où j'apprends à intuber, il faut assumer désormais. Premier round, je ne suis pas surpris, mais je vois qu'il est prêt et qu'il a une stratégie en tête. Il arrive à m'emmener au sol mais en réalité, il ne marque même pas de points : il faut faire des dégâts pour en marquer. Mais il prend malgré tout le premier round. Le deuxième, en revanche, il est pour moi. Je me disais : « Sois patient, sois patient, ça va venir. » Puis arrive le début du troisième round. Je prends l'ascendant, j'étais clairement en train de gagner. Dans ma tête, je voulais le K.-O. dans ce round, d'ailleurs. J'avais dit que je souhaitais qu'il arrive au premier, mais c'était surtout pour que Baki et son équipe pensent que j'allais tout balancer dès le début. Cela faisait partie de ma stratégie, j'ai d'ailleurs enregistré une vidéo à l'hôtel avant le *fight* où j'explique cela très clairement. Et il s'est passé ce qu'il s'est passé...

Une épine qui met K.-O.

On va revenir sur le moment qui a fait basculer ce combat qui était en train de tourner en ma faveur. Au début, je ne comprends pas ce qui se passe. Plus qu'une douleur, je ressens une gêne.

L'ŒIL DU MANAGER
DAVID FOUCHER

QUELLES LIMITES POUR CÉDRIC ?

Quoi qu'il arrive, c'est un homme qui se fixe les plus hautes ambitions. Quand il dit : « Moi, je prends tout le monde », il prend de fait tout le monde, sauf dans les cas où il n'a aucun intérêt à le faire. Quand j'écris ces mots, c'est au lendemain d'un échange avec le PFL concernant un possible adversaire, où je leur ai répondu : « Mais les gars, c'est quoi notre intérêt dans cette proposition ? » Qu'ils nous donnent plutôt Conor ou Khabib s'il le faut – ce qui n'arriverait pas – plutôt qu'une victoire face à un énième challenger sans intérêt. Baki, on l'a fait, parce que c'était un choix du public, les gens l'attendaient. Mais c'était nous qui avions tout à risquer. Lui avait tout à gagner.

C'est comme si je vous plantais une aiguille dans le pied. Je sens que j'ai marché sur un truc, ce qui fait bizarre dans un espace de combat. Cela n'a rien à voir avec un orteil ou un bras cassé. Ce genre de choses, cela fait mal, mais tu as l'adrénaline, tu peux rester dans le combat et surtout cela fait partie des risques du métier, et du jeu en quelque sorte. Là, quand tu ressens ce que j'ai ressenti, tu te dis juste : « Mais c'est quoi, ce truc ? » C'est une anomalie. Le pire, c'est que cela ne me fait même pas sortir du combat dans ma tête. On le voit bien : j'ai toujours ma garde, s'il m'attaque, je suis là. En vérité, j'aurais pu enlever moi-même cette écharde, lui dire d'attendre deux secondes que j'enlève ce truc qui n'a rien à voir avec le combat. L'arbitre n'aurait rien pu dire, et on aurait poursuivi. Mais sur le coup, je décide de le dire à Marc Goddard, en me disant qu'il y en a peut-être d'autres, qu'il y a quelque chose de grave extra-combat. En anglais, je lui explique que j'ai un truc dans l'orteil (« *I have something in my toe* »), que j'ai marché sur quelque chose. Mais il ne veut rien savoir, il ne comprend rien à ce que je dis. Comme je lui dis « *something* », donc juste « quelque chose » en anglais, il peut ne pas comprendre au vu du contexte. Le problème, c'est qu'il n'a pas cherché à comprendre. Donc il dit : « *Fight !* » Il a dû se dire que j'avais juste mal, que je ressentais une douleur classique quand on est dans une cage ou sur un ring, une blessure qui te donne combat perdu si tu demandes une pause.

À ce moment-là, il aurait dû dire « *Break !* », me demander ce que j'avais et si cela avait été quelque chose de banal dans un combat, il aurait dû alors arrêter le combat, en toute logique. Mais si j'ai une aiguille… Il ne pouvait pas arrêter définitivement le combat comme il l'a fait, il devait juste écouter et essayer de comprendre. Comme s'il y avait une flaque d'eau sur l'espace de combat. Si les arbitres ne l'ont pas vue, celui qui est dans la cage dit : « *Break !* », prend une serviette, essuie, lance la serviette et crie « *Fight !* ». Surtout que je ne suis pas en train de me faire tabasser à ce moment-là, je ne suis pas du tout en mauvaise posture, au contraire, comme je l'ai expliqué, et tout le monde l'a vu : j'étais en train de gagner quand ce bordel est arrivé.

La première fois que je dis à Marc Goddard d'arrêter, il refuse. Je me dis : « Purée ! Je suis dans une galère, il ne veut rien savoir, si je l'interpelle de nouveau, il va tout arrêter et me disqualifier. » Donc je ne peux rien dire, et j'ai toujours ce truc dans le pied. Même Baki me regarde à un moment donné et me demande ce qu'il y a, car il voit que je ne l'attaque plus. Je lui dis que j'ai une épine, ou un truc dans le pied, et que cela me gêne de fou. Il me dit de l'enlever ! Il regarde même l'arbitre en lui faisant comprendre de me laisser l'enlever. Je ne suis pas surpris d'ailleurs qu'il demande l'arrêt. Je suis même sûr que si j'avais décidé de l'enlever moi-même, il ne m'aurait jamais mis un coup de pied dans la tête. J'ai juste voulu faire les choses dans les règles. Or quand Baki demande cela, je regarde l'arbitre à mon tour, je ne dis rien et… il arrête le combat.

Après qu'il a sonné la fin du *fight*, je lui dis que je comprends son étonnement au vu de ma réaction, que je n'ai pas le droit d'arrêter le combat. Qu'il me l'a dit la première fois, et que j'ai continué à combattre pour respecter sa décision. Et j'ajoute : « Mais la deuxième fois… je t'ai rien dit ni demandé ! C'est lui, c'est Baki qui t'a demandé ou fait comprendre ! » Il me répond quoi ? « Nan ! Tu n'as pas le droit d'arrêter le combat ! » Il ne voulait rien savoir, une vraie tête de mule qui fait la tête de mule. Le débat à la base tourne autour du fait que j'avais une épine, que c'est un élément extérieur et qu'il fallait me laisser l'enlever. Mais même si on met tout ça de côté : il me disqualifie en m'accusant d'avoir arrêté le combat une deuxième fois alors que je n'ai rien demandé. Que le public soit frustré, me dise que je n'aurais pas dû me plaindre pour une épine, parce que par ma faute, le combat s'est arrêté, je les comprends, ils voulaient avoir une vraie décision finale et pas un *fight* qui s'arrête de cette manière. Mais ceux qui disent que je me suis arrêté de combattre pour une épine…

J'avance une dernière hypothèse pour montrer que la situation est vraiment particulière. Si j'avais été au sol à ce moment-là, en train de prendre des coups, avec l'épine dans le pied, et que là je disais à l'arbitre : « Nan mais attendez ! Là, j'ai une écharde dans le pied ! », ce qui aurait été la vérité, je peux comprendre que les gens analyseraient cette situation en disant : « Ouais frère, tu m'excuses, c'est vrai que tu avais une épine dans le pied et que cela n'avait rien à faire là, mais tu étais en train de te faire mêler quand même… » Je serais dégoûté, mais je ne pourrais pas leur en vouloir de conclure cela. Pourquoi ? Parce que je fais quelque chose que beaucoup ne font jamais : je me mets à la place des autres. Et là, dans la situation de mon adversaire, je me serais dit : « C'est compliqué, je suis en train de le tabasser, et comme par hasard il a une épine qui le gêne ? Bon, il l'a enlevée, l'épine, c'est vrai qu'il en avait une, mais est-ce que cela l'a vraiment gêné sur le coup ou est-ce qu'il a essayé de m'arnaquer parce que j'avais le dessus ? On ne peut pas arrêter le combat à ce moment pour ça. » Sauf que cela ne s'est pas passé comme ça. Et c'est irréel quand on y repense.

COMMENT PENSER LE CRÉPUSCULE DE SA CARRIÈRE ?

Toutes les décisions de Cédric sont réfléchies. Il l'a toujours été, désormais il mesure vraiment tous les critères afin de pouvoir gérer aussi bien sa carrière sportive que le reste. Quand il fait la fameuse vidéo où il divulgue son choix d'aller au PFL, notre but, c'est déjà de rappeler qui est Cédric Doumbé, car la plupart des gens ne connaissent pas sa grande carrière de kickboxeur. Ensuite, c'est de dire qu'il a pris des risques toute sa vie, qu'il a affronté les meilleurs mondiaux, qu'il ne se défile pas. C'est aussi de rappeler que les médias MMA confirment que notre choix est logique. Oui, on a fait des déçus, mais la plupart des gens ont compris notre décision. Car pour Cédric, il y aussi une ambition financière maintenant, les sportifs n'ont pas la seule performance en critères de décision, leur carrière est courte, et ils doivent capitaliser sur leur talent tant qu'ils le peuvent. Surtout, Cédric est également excellent dans d'autres domaines, contrairement à beaucoup de combattants. Donc s'il peut, par exemple, être à l'affiche de nombreux films sans faire quatre régimes par an, sans être par terre en fin de journée à cause de son deuxième entraînement, pourquoi devrait-il s'en priver après tout ce qu'il a prouvé ? Il a 32 ans, il est père de deux enfants, cela fait douze ans qu'il fait ça... Quelle personne de bonne foi pourrait lui en vouloir ?

Certains peuvent dire que l'arbitre n'a juste pas compris ce que je lui ai dit, que c'est pour ça qu'il s'est trompé, mais ce n'est pas mon problème : il a voulu faire arbitre, c'est son métier, il se débrouille. Un caillou, une épine, une chaise, une pelle, cela n'a rien à faire dans une cage de MMA. Tu ne peux pas être arbitre et arrêter le *fight* alors qu'il y a ce genre de choses dans l'espace de combat que tu es censé protéger et gérer, et me déclarer TKO (K.-O. technique). K.-O.... Mais tu es fou ? J'ai le dessus dans le combat à ce moment-là et tu me déclares K.-O. Tu ne vois pas le souci ?

Un caillou, une épine, une chaise, une pelle, cela n'a rien à faire dans une cage de MMA.

Sur le coup, je suis désemparé. Je me dis que je n'ai pas véritablement perdu. Mais dans les faits, Marc Goddard vient de me faire perdre. Je m'attendais par ailleurs à une forme de classe de la part de mon adversaire, qu'il dise que ce n'est pas normal, qu'il n'a pas véritablement remporté le combat, qu'il faut qu'on le refasse pour vraiment nous départager. Mais lui et son staff disent qu'ils ont vraiment gagné. Je ne suis en revanche même pas surpris que Fernand Lopez en ait profité après le combat pour vanner. Il se venge de ce que je lui ai fait lors du combat contre son autre poulain, Jordan Zébo.

Une décision injuste

Une fois cette soirée terminée, une fois la tornade médiatique passée, j'ai voulu combattre de nouveau le plus rapidement possible, je voulais vite laver l'affront. Car je repensais trop à ce qui s'était passé, à cette injustice. Je vivais mal la chose car de nature, je déteste les injustices. Et je suis quelqu'un qui reste longtemps fixé sur une chose. Parfois on me disait que ce n'était pas si grave, que cela n'aurait pas dû se passer comme ça, mais que ce n'était pas la fin du monde. Or, dans un cas comme celui-là, je n'y arrive pas. C'est vrai que ce n'est pas la fin du monde, mais je suis tellement méticuleux, j'aime tellement que tout soit carré, j'ai presque l'impression d'avoir un trouble autistique ou d'avoir des tocs. Et quand cela ne se déroule pas comme cela devrait se dérouler, je n'arrive pas à passer à autre chose. Je répète que l'arbitre n'aurait jamais dû faire ça, sauf que c'est trop tard. On a essayé de faire un recours, de demander un « no contest ». Sauf que tous les décideurs dans cette histoire ont été injustes. Quand j'apprends que la fédération de MMA en France refuse le « no contest », je me dis que, finalement, elle ne me mérite pas et je vais même jusqu'à me dire que je vais arrêter de combattre. Je me suis vraiment posé la question, parce que ce sont tous des enfoirés. Je suis quelqu'un de loyal : si je perds, je perds, il n'y a aucun souci. Mais si je ne perds pas et que vous me faites perdre, ce n'est pas normal. Des fois, il se passe un truc de fou dans ta vie, tu te dis : « Oh ! J'aurais dû filmer, sinon personne ne va me croire. » Mais là, c'était filmé ! Et ils arrivent pourtant à trouver des excuses.

J'avais le seum contre tout le monde. Pas comme si j'étais un mauvais joueur, car ce n'est pas être mauvais joueur que de refuser une partie où les règles ne sont pas respectées. J'avais juste le seum d'avoir subi cette injustice. C'est pour ça qu'il fallait que je retourne au combat, car j'avais soif de vengeance. Et heureusement, un nouveau combat arrive vite, seulement deux mois après le *fight* contre Baki. Ma petite vengeance aussi, cela a été de ne pas faire de com' avant ce *fight*. Communiquer comme je l'avais fait avant Baki, avec l'ambulance, aller dans un hôpital… Je m'amuse quand je fais ce genre de choses. Mais là, je n'avais pas envie. Je rappelle que tout ça, c'est du divertissement. Je nourris le public, je nourris les spectateurs, mais à quoi bon ? À la fédération, ils sont bien contents quand Bercy se remplit en vingt minutes, et quand ils perçoivent une partie de tout cet argent… mais ils ne me soutiennent pas devant une telle injustice ?

Pas de com', je viens, je le tabasse et je m'en vais. C'est ça que je voulais faire après Baki, et que j'ai fait contre Jaleel Willis. Après ma victoire, certains disent « remonter dans le train Cédric Doumbé ». Mais cela a cassé quelque chose. Parmi les décideurs, personne n'a voulu prendre ses responsabilités. Cela arrive à tout le monde de faire des erreurs. Sauf qu'à cause de leur erreur à la con, cela a coûté le palmarès de quelqu'un. On ne joue pas avec ça. Dans l'esprit, je ne l'ai pas perdu, cet affrontement, tous les gens sérieux le savent, mais statistiquement, cela va rester. J'ai subi les conséquences d'une forme de lobby : l'arbitre est sacralisé et si la fédération avait mis un « no contest », cela aurait contredit l'arbitre, ce qui à leurs yeux est impossible.

Après le combat contre Jaleel, on pourrait penser que je suis passé à autre chose. Cela m'a permis de rebondir, mais en réalité, ce n'est pas totalement passé et cela ne passera jamais. Quand j'aurai terminé ma carrière, je repenserai à la manière dont j'ai perdu. Même si je combats de nouveau Baki, que je le mets K.-O., l'injustice aura eu lieu, et une vraie

L'ŒIL DU MANAGER
DAVID FOUCHER

L'ARRÊT DU COMBAT CONTRE BAKI

Ce *fight*, je le sentais mal dès le début. Mais Cédric voulait le prendre pour montrer aux détracteurs qu'ils se trompaient lourdement. Alors que moi, je ne trouvais pas qu'il avait besoin de prouver quoi que ce soit. La *fight week* a été très compliquée, très tendue, ce n'était pas du tout agréable. Et au moment où l'arrêt du combat arrive, comme tout le monde, je n'ai pas trop compris. Mais j'ai vite saisi que l'arbitre ne reviendrait pas sur sa décision. Je me suis dit tout de suite : comment va-t-on s'y prendre pour expliquer ce qui s'est passé et se battre par rapport à cette décision ? Sur l'aspect communication, on s'est tout de suite dit qu'il fallait jouer sur les blagues sur l'épine qui commençaient à fuser sur les réseaux sociaux, ne surtout pas montrer un seum à l'extérieur. On a juste eu un désaccord sur la manière de communiquer sur Marc Goddard, l'arbitre du combat, car Cédric lui en veut concernant sa décision, à vrai dire incompréhensible. Mais dans la foulée, Francis Ngannou se prend un K.-O., et le surlendemain Benoît Saint-Denis, même sentence à l'UFC. Alors je relativise en me disant : je préfère que Cédric se prenne une épine plutôt que de le voir par terre K.-O.

victoire, dans les règles cette fois-ci, ne l'effacera pas. Après ma victoire, je n'irai même pas serrer la main des officiels de la fédération, je leur dirai de ne même pas essayer de parler avec moi. Alors qu'ils ont besoin de moi, car aucun combattant français ne fait ce que je fais. Je suis un atout majeur pour le MMA en France. Et quand je ne serai plus là, ils le réaliseront. Ils comprendront que j'avais changé le *game*, ils se diront : « On avait un mec qui mettait l'ambiance, qui faisait les shows, il prédisait, faisait le trashtalkeur, c'était un divertissement pur. Et en plus de ça, c'était le meilleur combattant. » Pas juste : « Il nous divertit, il se prend une droite et il se couche. » Et en plus, je suis une personnalité attachante. Je suis un vrai gentleman. Mais quand ils se rendront compte de tout ça, ce sera trop tard.

Ce qui me fait relativiser, c'est qu'il y a toujours des injustices. Je veux que tout soit tout noir ou tout blanc. Mais cela ne se passe que trop rarement comme ça. À mon échelle, c'est rien, et je vais volontairement aller dans un cas extrême, mais si je compare ma situation avec l'esclavage ? Et je ne parle pas d'avant mais de l'esclavage actuel, en 2024 ? Ou avec les génocides de personnes totalement innocentes, au Congo, en Palestine ? Souvent, tout cela se déroule sous les yeux de tout le monde, et trop peu de gens disent quelque chose. Ce qui m'est arrivé, ce n'est que du sport après tout. Si l'injustice qui m'a touché ne passera jamais, ce ne sont pas des « cela arrive, tu n'y peux rien » qui me feront passer à autre chose, mais méditer sur toutes ces situations qui sont bien plus dramatiques ailleurs. Des situations qui me font regarder la mienne avec humilité.

La suite de ma carrière

J'ai tout connu dans le monde du sport. Les salles de boxe amateur, les déplacements à l'arrache, les premiers combats en semi-pro et pro, mon arrivée dans le Glory, ma première ceinture puis les six autres, mon immersion dans le MMA, la consécration médiatique, puis la désillusion. Alors quels sont mes objectifs sportifs désormais, en cette fin d'année 2024, à l'aube de mes 32 ans ? Oui, le tournoi à un million de dollars du PFL est toujours dans ma tête. J'ai notamment rejoint cette organisation pour cela, parce qu'elle payait les combattants à la hauteur de ce qu'ils doivent être payés, si ces derniers performent. Sans cette blessure survenue au printemps 2023, j'aurais déjà pu l'avoir gagné, mais peu importe, je vais me remettre en ordre de marche car ce trophée reste toujours une ambition pour moi. Au-delà, mon objectif, c'est de battre tout le monde, comme ça l'a toujours été. Et finalement de montrer que je suis le meilleur en MMA, après l'avoir démontré en kickboxing. Si je lie l'utile à l'agréable, soit l'argent et les victoires, c'est tant mieux. Mais si on me propose d'obtenir un million de dollars en ne faisant qu'un ou deux combats, de combattre directement le champion pour un combat à un million d'euros, je ne ferai pas nécessairement le tournoi – il faut être pratique.

Mon objectif, c'est de battre tout le monde, comme ça l'a toujours été.

Si je résume mes objectifs principaux, c'est d'être champion du PFL, de montrer que je suis le meilleur en MMA et faire pas mal d'argent pour ma famille et pour tous mes projets, même si, avec l'islam, cet objectif est plus secondaire désormais. Et si j'ai deux chemins pour y arriver, autant prendre celui qui est le plus intelligent. Dans un deuxième temps, je défendrai ma ceinture, donc tous ceux qui veulent participer au tournoi annuel du PFL, venez, je vous prends un par un. Comme je l'ai fait au Glory, je la conserverai jusqu'au moment où je prendrai la décision d'arrêter. Lorsque tu as tout prouvé, que plus rien ne t'excite, combattre pour combattre, juste pour prendre de l'argent… Si j'ai par ailleurs l'occasion d'affronter le champion UFC dans ma catégorie, je la saisis direct. Mais ce n'est plus une fin en soi.

Un autre objectif sportif, plus secondaire là aussi, c'est de faire cette « revanche » contre Baki. Juste après la fin de notre *fight*, lui et Lopez expliquaient dans les médias que cela ne les intéressait pas. Mais maintenant que l'UFC les a ignorés, ils ont un peu révisé leur position. En vérité, cette revanche, Baki est obligé de l'accepter, ce n'est pas lui qui décide. Il a signé au PFL pour plusieurs combats en juin, donc si l'organisation le décide, sauf en cas de blessure, il devra accepter. Il faut qu'il en ait conscience : si le PFL l'a signé, c'est pour faire « cette revanche-là », ce n'est pas pour ses beaux yeux. Mais même avec ce « rematch », je ne le considérerai toujours pas comme un rival. Peut-être que je suis arrivé à un âge où je vois les choses avec un peu plus de philosophie. C'est seulement Baki en fait, je suis tellement au-dessus de lui dans ma carrière et en technique que cela n'aurait aucun sens de me comparer à lui. Je le vois comme un bon prospect, c'est un jeune qui a des capacités, qui n'a pas de talent particulier, mais qui veut aller loin. Et c'est bien. Est-ce qu'il va aller loin ? Je ne sais pas, mais je pense qu'il va faire de bonnes choses. Mais un rival ? Non. Un rival, c'est quelqu'un que tu considères comme meilleur que toi ou alors d'un niveau quasiment équivalent, et qui pourrait te dépasser.

Qui est proche de toi, comme si vous jouiez dans la même cour. Or, je ne joue pas dans la même cour que Baki, il faut être sérieux. Et dans la notion de rivalité, il y a le fait de convoiter quelque chose. Mais dans cette situation, je ne convoite rien. Même pas « la revanche » : si demain, pour n'importe quelle raison, il parvient à se défiler et à ne pas la faire, dans ces conditions, cela ne me dérange pas. Je n'ai pas perdu, donc si le *fight* a lieu cela ne serait pas une « revanche », plutôt un combat qui se terminerait. Et si lui peut être satisfait de ce qui s'est passé, cela me donne encore plus d'indications sur qui il est. Car qui serait satisfait de ça ?

Entre la cage et les caméras

Mais je pense que tous ceux qui me suivent le savent : les sports de combat ne sont pas la seule vie que je souhaite mener. Si l'année 2024 n'est pas celle de la bascule entre ma vie d'avant et celle d'après, elle renferme la transition vers mon métier d'acteur. Cette volonté d'en devenir un existe dans ma tête et dans mon cœur depuis que je suis en âge de penser mon avenir. À la base, c'était humoriste ou comédien sur les planches, après c'est devenu le métier

L'ŒIL DU MANAGER
DAVID FOUCHER

CÉDRIC, L'ACTEUR NATUREL

Ça le titille depuis qu'il est tout petit, le côté acteur comme le stand-up. Est-ce que je pense qu'il sera aussi à l'aise que dans les sports de combat ? Oui, peut-être même plus en vérité. Et est-ce qu'il pourra toujours faire le fanfaron ? Il sera peut-être un peu plus cloisonné car c'est plus difficile de faire des dingueries dans le cinéma que dans le sport, mine de rien. Sera-t-il frustré ? Il faudra trouver une autre façon de communiquer ou alors il évoluera vers autre chose. Je pense qu'il sera comme un poisson dans l'eau, que son excellente mémoire lui offrira quelques facilités, aussi qu'il aura cette adrénaline avant un tournage, avant la sortie d'un film. Peut-être de manière un peu moins puissante que dans le sport de haut niveau, mais tout de même. Et puis il a cette humilité qui le fait repartir du bas sans aucune discussion, à faire des castings malgré sa notoriété. Je suis très confiant sur son avenir dans cette voie.

d'acteur de cinéma. J'aime bien jouer la comédie, interpréter, j'aime bien jouer un rôle en fait. Avant le sport, j'ai fait des castings. J'allais à gauche, à droite, en Poitou-Charentes, en Charente-Maritime. Et j'ai même pris le train d'Angoulême pour aller à Paris, alors que j'avais seulement 17 ans. Juste pour un casting ! Je m'inscrivais sur des sites pour envoyer des vidéos d'acteur à des producteurs ou réalisateurs. Or aujourd'hui, par la force des choses, le métier vient à moi, car certains se disent que j'ai un talent dans ce domaine, que je suis divertissant, que je joue la comédie dans une discipline – les sports de combat – assez éloignée de cet état d'esprit et que cela se voit que je suis fait pour ça. C'est un rêve qui va se réaliser.

Je vais commencer à tourner mon premier film cet automne, avec Jean-Claude Van Damme. Sa quête du succès m'a toujours fasciné. Le fait qu'il soit allé aux États-Unis, qu'il ait fait des grands écarts devant des producteurs ou réalisateurs juste pour être repéré et provoquer sa chance, son destin… Donc pouvoir commencer ma carrière avec lui, dont j'ai toujours été fan, je ne pouvais rêver mieux, justement. Et je ne voulais pas de rôle de castagneur, pas d'un prolongement de mon rôle de combattant. Je veux passer à autre chose, ou alors faire quelque chose d'original.

Je me pose d'ailleurs encore la question de mon rôle dans ma discipline. Je n'aime pas les choses classiques, faire comme tout le monde, comme être consultant lambda ou coach. Une belle reconversion à mes yeux, c'est celle de Daniel Cormier. Il est l'un des meilleurs combattants MMA de l'histoire, fait partie de ceux qui ont permis à ce sport de passer dans une autre dimension, est dans le Hall of Fame de l'UFC, et il est devenu consultant. Mais pas n'importe lequel : il a une place prépondérante dans tous les commentaires. Ce n'est pas juste l'ancien combattant qui donne son avis de manière succincte. Il apporte de vrais éclairages. Je trouve ça beau.

De mon côté, je continuerai la lutte, le grappling, parce que j'aime bien apprendre de nouvelles choses et je trouve que c'est un sport intelligent. Mais je ferai selon ce que mon corps me permettra, car les blessures et le sport de haut niveau, encore plus avec l'âge, c'est compliqué sur la durée. Jouer un rôle dans les sports de combat ? Il faudrait que ce soit vraiment excitant, à l'échelle nationale pour m'occuper des combattants dans leur préparation aux Jeux olympiques, par exemple. Sinon, cela ne m'intéresse pas. J'ai certes pour objectif d'ouvrir une salle, une Doumbé Academy, pas seulement dans le MMA mais aussi dans le kickboxing, la boxe anglaise, le grappling. Il y a des discussions actuellement, mais cela n'a pas encore abouti. En revanche, je ne veux pas faire que ça quand j'aurai terminé ma carrière.

Si je gagne un Oscar, je serai le plus heureux !

Mon véritable objectif dans cette nouvelle vie qui s'annonce, c'est d'obtenir la ceinture de la comédie. Si je gagne un Oscar, je serai le plus heureux ! Il faut toujours avoir une haute ambition. Si je veux être comédien, ce n'est pas juste pour faire un petit film, et tranquille. Je veux qu'on dise que je suis le meilleur acteur en France, que Cédric Doumbé, c'est un truc de fou dans ce domaine aussi, qu'il cartonne. J'ai conscience que ce sera difficile : dans un sport de combat, tu mets des K.-O. et tu es le meilleur, c'est incontestable, c'est objectif. Dans le cinéma justement, il y a une part de subjectivité. Malgré tout, j'ai été éduqué par mon sport à la critique.

Donc je suis préparé à recevoir les opinions de chacun. Sauf si je me prends une grosse vague médiatique, un flop total – là, je m'interrogerai sur les raisons –, mais en dehors de ça, cela ne m'affectera pas. J'ai beaucoup évolué avec l'âge, j'ai pris en maturité.

Cette transition est naturelle. J'aime trop jouer la comédie et cela se voit d'ailleurs dans mon sport. Même ma mère, quand j'étais petit, me disait : « Mais toi, t'es un comédien ! » Je ne sais pas d'où cela vient. Et plus que de jouer un rôle, je préfère faire rire, ce qui est comme un don. C'est une émotion positive en plus, comme un cadeau que tu offres. Faire rire et aimer faire rire, cela rentre dans ma case altruiste. Car même si je ne ris pas, tant que les gens rient, cela me fait plaisir. Mais en réalité je rigole souvent quand je fais une blague, parce que souvent elles me font rigoler moi-même. C'est pour cela que la carrière d'humoriste est toujours dans un coin de ma tête.

Allier acteur et humoriste en revanche, ce sera sûrement compliqué. Ce n'est pas le même métier et les deux demandent beaucoup de travail. Mais une chose qui pourrait me faire craquer encore, c'est le théâtre, du théâtre comique en particulier. Il y a un cachet, une âme dans le spectacle vivant qu'il n'y a pas ailleurs. C'est un peu comme du cinéma bio ! C'est cash, il y a le décor, parfois de beaux décors, avec par exemple de la neige qui tombe, des jeux avec la lumière... Je trouve ça magnifique, le théâtre. J'aimerais bien aller plus souvent voir des pièces, mais avec le rythme de mon métier actuel, c'est compliqué. Ce serait également un honneur de pouvoir me produire au Festival d'Avignon. Je n'y ai passé qu'une seule année, mais j'ai beaucoup de souvenirs dans cette ville, et comme je l'ai dit, je n'avais pas vraiment conscience de ce que signifiait cet événement à l'âge que j'avais lorsque je me baladais dans ses rues. Mais l'accomplissement théâtral pour moi, ce serait de jouer *Cyrano de Bergerac*. Je suis fan de cette pièce, de cette histoire d'amour entre Roxane et Cyrano. Je la regarde très régulièrement. La dernière fois, lorsque je suis allé rendre visite à ma grand-mère à l'hôpital, elle était diffusée dans la télé de sa chambre. Et j'ai une nouvelle fois kiffé. Je me dis que si un jour je joue Cyrano de Bergerac… Enfin « dans » *Cyrano*, car sinon cela ferait un Cyrano noir ! Enfin, pourquoi pas en fait ? C'est le théâtre, tu fais ce que tu veux, un homme peut jouer une femme et inversement. Alors allons-y pour un Cyrano noir.

Arrêter le sport de combat sera bien évidemment un changement radical dans ma vie, mais je m'adapterai assez vite à ce nouveau rythme et ce nouvel environnement. Comme toujours, ma faculté de caméléon m'aidera à surmonter cette évolution importante. Je suis impatient d'ailleurs de voir ce qu'est cette vie d'acteur, d'artiste, d'humoriste. La vie de sportif me manquera aussi, mais ce sera plus une forme de nostalgie, une nostalgie que j'ai déjà, celle que m'évoquent les souvenirs de mes 22 ans,

L'ŒIL DU MANAGER
DAVID FOUCHER

QUEL RÔLE POUR L'ACTEUR DOUMBÉ ?

C'est un très bon communicant, clairement, on se comprend très vite et il aime oser ce que les autres n'osent pas faire et je pense que c'est quelque chose qu'il fera et qu'il aimera toute sa vie. Par exemple, on parle désormais de cinéma. Il a une sensibilité artistique très forte et son passage dans ce monde est naturel à mes yeux. Et sur le côté « image », je n'ai même pas eu besoin de lui dire qu'il ne fallait pas qu'il joue dans un rôle de combattant. Il le savait déjà, avant que je ne lui en parle. Il m'a même dit qu'il voulait n'importe quel rôle sauf celui dans lequel il faudrait mettre des patates. Il veut aller là où on ne l'attend pas. La feuille de route, finalement, c'est quoi ? C'est que les gens se disent : « C'est quoi le prochain truc qu'il va nous sortir ? »

lorsque toute ma vie consistait à tout faire pour atteindre mon objectif, celui d'être champion mondial dans ma discipline. Sans savoir ce que j'allais devenir dix ans plus tard. Quand je vois qui je suis aujourd'hui, je suis content d'être une star internationale des sports de combat, et en France d'avoir une reconnaissance au-delà, dans une partie du grand public. Je suis content de voir que mon personnage et mon talent sont reconnus. J'ai charbonné toute ma carrière, et ça y est, les gens ont vu que Doumbé, c'est « The Best ». Cet objectif est validé. J'ai juste un regret : la notoriété du MMA arrive alors que je suis au crépuscule de ma carrière. J'aurais aimé que cela arrive quand j'avais 20 ans. Là, j'aurais tout cartonné. Finalement, j'aurais presque préféré avoir le même talent que j'ai eu dans les combats, mais dans le football ou le basket, des sports qui sont bien plus médiatisés. En revanche, si la recherche de la notoriété était très importante à une époque pour moi, cela l'est beaucoup moins maintenant. J'ai malgré tout conscience que si ma carrière d'acteur fonctionne, cela ne sera plus seulement les fans de sports de combat qui m'arrêteront dans la rue pour prendre une photo. Leurs grands-mères aussi !

REMERCIEMENTS

« *Mémé na som djita.* » Merci à ma grand-mère de m'avoir nourri de cet amour inconditionnel et d'avoir donné sa vie dans mon éducation. Te perdre sera le pire moment de ma vie et je m'y prépare chaque jour. Je souhaite profondément que celle que j'aime le plus sur cette Terre soit à mes côtés au paradis.

Chère maman que j'aime tant et s'est battue pour ma sœur et moi. Merci ! Rien de ce que je peux dire, rien de ce que je peux faire ne sera jamais suffisant pour exprimer ma gratitude et mon amour. Je souhaite le meilleur pour toi. Merci d'avoir été la maman que tout le monde rêve d'avoir, et d'être la belle-mère que toutes aimeraient avoir !

David,
Qui a été d'un soutien et d'une aide sans pareils.
Qui a vu la transition entre le Cédric d'avant et le nouveau Cédric sans jamais juger, au contraire en étant toujours tolérant et ouvert.
David est l'une des personnes les plus intelligentes et compétentes que j'ai dans ma vie et j'en suis très content. Si je suis arrivé à ce niveau aujourd'hui, c'est en majeure partie grâce à lui.
Merci David.

À Abdelah, qui a été et est toujours un soutien incommensurable dans ma vie privée et professionnelle. Un ami, un frère comme tous aimeraient en avoir un à leurs côtés. Celui qui littéralement donnerait sa vie pour ma cause, on se sait, les mots sont inutiles.

À Bilal, un ami fidèle avec qui je suis parfois très, très dur ! Mais qui aime bien châtie bien. Qui est toujours présent pour moi depuis les débuts sans jamais broncher, et surtout à qui je ne dis jamais merci. Donc MERCI BILAL !

À Romain, mon vendeur de parfums préféré. La phrase précédente parle pour elle-même. Merci 1 milliard de fois.

Je remercie Allah عز وجل sans qui rien ne serait possible !

Crédits iconographiques

Photo de couverture :
© Cyril Zannettacci / Agence VU'
Le palmarès de couverture s'arrête au 20 septembre 2024.

Cahier photos :
Page 1 : © Cédric Doumbé ; Page 2 (en haut) : © Cédric Doumbé, (en bas) : © Anthony Dibon / Icon Sport ; Page 3 (en haut) : © Anthony Dibon / Icon Sport, (en bas) : © Anthony Dibon / Icon Sport ; Page 4 (en haut) : © Baptiste Fernandez / Icon Sport, (en bas) : © Zuma Press, Inc. / Alamy Stock Photo ; Page 5 (en haut) : © Alexis Goudeau / Presse Sports, (en bas) : © Alexis Goudeau / Presse Sports ; Page 6 (en haut) : © Alexis Goudeau / Presse Sports, (en bas à droite) : © Alexis Goudeau / Presse Sports, (en bas à gauche) : © Baptiste Fernandez / Icon Sport ; Page 7 (en haut) : © Baptiste Fernandez / Icon Sport, (en bas) : © Alexis Goudeau / Icon Sport ; Page 8 : © Alexis Goudeau / Icon Sport.

Photos d'ouverture de chapitres :
Chapitre 1 : © Cédric Doumbé ; Chapitre 2 : © Cédric Doumbé ; Chapitre 3 : © Anthony Dibon / Icon Sport ; Chapitre 4 : © Chloé Car.

Pour l'éditeur, le principe est d'utiliser
des papiers composés de fibres naturelles,
renouvelables, recyclables et fabriquées
à partir de bois issus de forêts qui adoptent
un système d'aménagement durable.

PAPIER CERTIFIÉ

Texte : Cédric Doumbé et Damien Dole-Chabourine
Mise en pages : Médiamax
Préparation de copie : Rafaelle Gandini Miletto
Relecture : David Lerozier

Imprimé en Espagne par Rodesa
pour le compte des éditions Hachette Livre
département Marabout
58, rue Jean Bleuzen – 92178 Vanves Cedex

Dépôt légal : octobre 2024
ISBN : 978-2-501-18530-1

5207009/01